読んで旅する よんたび

探しものは北欧で

森 百合子

大和書房

はじめに

深夜の北欧ラジオのように

北欧を初めて旅してから、19年が経ちます。ほぼ毎年のように、時には年に2〜3度、北欧の国々――フィンランド、スウェーデン、デンマーク、ノルウェー、アイスランド（とエストニアもちょっとだけ）を、さまざまな季節に旅してきました。旅の目的は、最初は建築とデザイン、それからダンス。幸運なことに北欧の食べ物についての本を書く機会をいただいて、伝統料理をはじめコーヒーやクラフトビールなど旬の味を取材して歩いたこともあります。一方で食器やテキスタイルに魅せられて、蚤の市が目当ての旅もするようになりました。

「どうしてそんなに何度も、北欧を旅しているのですか？」

と尋ねられると、なかなかうまくまとめて伝えることができなかったのですが、今回の本では、なぜ自分が繰り返し北欧を旅しているか、その答えを掘り下げることができました。

今回、読んで旅する「よんたび文庫」のお話をいただいて、どんな本にしようかなとまず思い描いたのは、ラジオ番組のように、北欧の旅の話をお届けすること。寝る前のひととき、おふとんの中で、北欧の旅を楽しんでほしい。そんなイメージで書き始めました。

これまで作ってきた北欧の街歩きや、旅のおすすめを綴ったガイドブックに比べると、今回の本ではもっと個人的な旅の話を選んでいます。初めての旅で行った場所、まごついた場面、ツアーでは行かないような場所、体験……おふとんの中から旅してもらうなら、せっかくなら普通の旅では行かないような場所にも連れていきたい。暮らすのとはまた違う、旅人としてのぞいたちょっとディープな北欧の一面を書きたいと思いました。

建築の知識なしで訪れたアアルトの家で「こういう家に住みたい！」と無邪気に盛りあがったこと、スウェーデンの田舎町で開催される、名物ダンスイベントに参加して一週間踊りながら、夏のスウェーデン人を観察したこと。初めての北欧旅行で出会って以来、更新し続けているノルウェー人いい人伝説について。デンマークの母と慕う友人と、彼女の家で過ごす時間のこと。オーロラは永遠に見られないのではと諦めていた時にたどり着いた町のこと。フィンランドじゃない国でサウナに目覚めてしまった話。自分史上最高（そして最速）のシナモンロールの思い出。なんてことはない、でも何年経っても覚えているエピソードも織り交ぜつつ。

こうして綴ってみると、建築、デザイン、ダンスをきっかけに始まった旅がいつしか北欧の味やファッションにも魅せられ、街歩き派だったのに島へ、森へ、海へと、ずいぶんいろんな場所にたどり着いたなあと思います。

しあわせの国を歩いてみると

北欧はしあわせの国といわれます。しあわせの国なのかどうかは、正直わかりません。しあわせの捉え方は個人によって違うし、その問いはあまりにも漠然としすぎていますから。

実際に旅をして思ったのは、暮らしの基盤となる家のあり方がよいこと。町に住んでいても森や湖など自然が近いのはうらやましい部分です。比較的治安がよくて旅がしやすく、初めての旅では「なんか好きだな、この町の雰囲気が」と直感的に思いました。

夏のいつまでも沈まない太陽にはなかなか慣れませんし、いつまでたっても注文をとりにきてくれないマイペースなサービスに閉口してしまうこともあります。一方で「うわあ、その距離感、日本と同じ！」と親近感を感じて思わず笑ってしまうこともしばしば。日本と同じく、北欧の政治や社会も当然のことながら時代とともに変わってきていますし、最初は見えていなかった部分が見えるようになって、ただ素敵！　と思うだけでもなくなりました。

今回のエッセイは、夢中で歩いた旅の時間と、いまのわたしとを行き来しながら書きました。改めて振り返ってみると「なかなか、思いきった体験をしてきたな」と、かつての自分を褒めたくなることもありましたし、自分の思慮の浅さが恥ずかしくなる場面もありました。いまだったら、もっと違う目で見ることができただろうなと思うこともありました。

以前に比べると、思い立ってすぐ旅をするのがむずかしい時代になっているかもしれません。それでも、北欧に興味をもつ人には、ぜひ一度は旅をしてみてほしい、きっと楽しいから！　と、わたしは変わらず思っています。

この本を読んで、おふとんの中から北欧の旅を楽しんでもらえたら、そしていつか旅する日への何かしらの手がかりになるとしたら、こんなに嬉しいことはありません。

森百合子

探しものは北欧で　目次

第3章 北欧を食べる

第5章　人と暮らしとおしゃべりと

＊本書では、ノルウェー、スウェーデン、デンマーク、アイスランド、フィンランドの5か国を紹介しています。北欧は一般的にこの5か国を指します。
国連の分類ではバルト三国も北欧とされています。

第1章

わたしの北欧の歩き方

青空がまぶしすぎる

北欧を旅する、というと「白夜《びゃくや》ですね！ いいですね」とよく言われます。夜になっても日が沈まないのが白夜。北極圏では、夏になると一日中ずっと日が沈まない時期が訪れます。

一方、わたしがよく旅をする都市部では、まったく日が沈まないわけではありません。日没はあるものの、日が沈んでからもしばらくは夕焼けのような明るさが残り、あっという間にまた日が昇るので真っ暗な夜が続かない、そんな状態です。

……と、ここまで書いてきてふと「夜」の定義を調べてみると、日が沈んで日が昇るまでのこと、とあります。そうか、日が沈まなければ夜ではないのか。だったら夏の北欧には夜がない。ほとんどない。夜中というほどのものもなければ、夜更《よふ》けもない。更けてる時間がない。

夜がなかなか更けない北欧の夏。その洗礼を、初めての北欧旅行で受けることになりました。訪れたのは7月上旬、フィンランドからスウェーデンへと船で移動したときのことでした。2国を結ぶ大型フェリー、シリヤラインは夕方5時にヘルシンキの港を出発して、翌朝9時にストックホルムへ到着。船中で一泊する、合計17時間ほどの船旅です（フィンランドとスウェーデンの間には時差が1時間あります）。

初めての船旅、それも豪華客船の旅だ……！　と期待に胸を膨らませて港へ向かうと、停泊している船の巨大さに圧倒されました。シリヤラインの船はなんと14階建てで、ホテルがそのまま海を走っているよう。船内にはレストランやショップのほかにサウナやスパ、カジノにディスコにカラオケとエンターテイメントも充実しています。

乗船時にはパスポートを見せ、空港ではない場所から「出国」するのも新鮮な体験。長いタラップを歩いて「さよなら、ヘルシンキ」と、いざ船に乗り込もうとすると、その手前でカメラマンによる撮影もありました。これ、後に船内で販売されるのです。遊園地のジェットコースターなどの撮影サービスと同じ仕組みですね。

船内に入って最初に目に入るのは、吹き抜けのプロムナード。プロムナードには免税店が並び、マリメッコやムーミンなどフィンランドらしいおみやげもあれば、シリヤラインのオリジナルグッズもあります。

夏休みの時期だったからか、船内はわりと混んでいました。船旅というとセレブな響きがありますが、実際に乗ってみると小さな子どものいる家族連れが多く、アットホームな雰囲気。客室にはランクがあるので、安めの部屋を選んで、移動費も込みと思えば、それほど贅沢な選択ではないんですよね。

カートとカラオケはお約束？

部屋に荷物を置いてから、まずは船上後方のデッキへと向かいます。出航前のデッキから見るヘルシンキのシンボル、大聖堂の美しいこと！　やがて船が離岸して、テントの立つ港前の市場や大聖堂がだんだんと小さく、遠くなっていくのを眺めながら改めてフィンランドに別れを告げます。ほろりと寂しい気分を味わいつつも写真を撮り、港にはためくフィンランドの国旗や、すぐに見えてくるかつての要塞《ようさい》スオメンリンナ島を眺めては写真に収め、かもめが飛んでいてまた写真を撮り……と思う存分に写真を撮って、ついに海しか見えなくなったところで、船内へ。今度は、船内の探検スタートです。

地元の人たちに人気があるのは地下にあるスーパーマーケット。お酒やお菓子を売っているのですが、まあ、彼らのお酒を買う情熱といったら、すごい！ ビールは箱買いならぬ、箱をいくつも積み重ねたカートでの販売もありました。こんなの買う人いるの!? とたじろぎましたが、翌朝、下船時にそのカートをごろごろしている人を何人も見かけました。じつはこれ（酒）がお目当てで乗る人は多いんだよ、とは後々知ることになるのですが、北欧って酒税がとっても高く、船の上では免税になるので買いだめしておくそうなんです。

スーパーマーケットでおみやげの買い出しをしたところで、いったん部屋に戻って夕食に。船内にはビュッフェサービスや各種レストランもあるのですが「ビュッフェは高いので、市場やスーパーで買い出しをしておくのがおすすめ！」との旅行記を読んで、乗船前にデパートやスーパーで買い出ししておいた惣菜やパンを、部屋で食べたのでした。

食後はカジノやディスコなど、エンターテイメントの部屋をひと通りのぞいてみたところ、おもしろかったのがカラオケです。大きなホールに40～50人はいたでしょうか。前方のステージには司会の女性がいて、「はい、次の曲は◯◯です。エントリーされた方は?」と促すと、手を上げた人が前に出て、マイクを手にとり歌い出します。大きな画面に映像と歌詞が流れ、その前で熱唱する人、それを静かに見守る人々。日本では昔ながらのバーやスナックでおなじみのスタイルですが、まわりの人たちは歓声をあげたり、冷やかすでもなく、みなさん真剣に聞いているのです。なかには正座をして聞いている子どももいました。

フィンランドの人々にとって「KARAOKE」とは、単なるエンターテイメントではなく、人生の悲しみやしょっぱさを歌い上げて、そこにいる人々と分かち合ったり、癒やしとするらしいのです。そういえばサウナも、現地の人々にとっては「ととのうー!」場所というよりは、時に人生を語り、時には語らずに分かち合う場所

と聞きます。しかし日本のカラオケが、まさかそんな形でフィンランドの人々の心の支えになっていたとは。しかもそれを船の上で見ることができるとは。

船内パトロールのシメはサウナへ。スパに併設された、こぢんまりとしたサウナでしたが、小さな窓から海原を眺めつつ入れるのが格別でした。それにつけてもデッキに出ては海を眺め、エレベーターを降りて目に入った窓から海を眺め、サウナで海を眺め……と、とにかくひたすら海を眺めては「船旅だわ、海だわ」と盛り上がっていたのでした。

憧れの船旅の落とし穴

シリヤラインの客室は、プライベートサウナ付きのスイート、バルコニー付きのデラックスルームといった豪華なクラスから、窓なしで船底に近い最安値の部屋まで さまざまです。そんなに贅沢はしなくていいし、狭くていいし、と思いつつも譲れなかったのは窓があるかどうか、です。せっかくの船旅なのだから海側で窓のある部屋を！と、中の上くらいの部屋を予約しました。乗船して部屋の扉を開け、部屋の狭さに驚きつつも、窓から見える海の景色に「やっぱり窓付きにしてよかった～」とウキウキ。しかし、この選択が大失敗だったことに気づくのです。

買い物もサウナも楽しんで、船内散策もひとしきり終えて、さていい加減そろそろ寝ましょうか、明日も到着後のスケジュールはぎっしりだしね……とベッドに横になったものの、窓の外が一向に暗くならない。太陽が沈まない。窓の外に見える青空と海が、その景色がいつまでたっても変わらない。

こ、これでは寝られない……。スウェーデンの夏至祭を描いたホラー映画『ミッドサマー』には「明るいことが、おそろしい」とキャッチコピーがついていましたが、まさしくそれ。カーテンをしても光がこぼれ、窓の向こうでは青い海と青い空がずーっと続いている。日が沈まない、その事実がだんだんとおそろしくなってきました。

一向に眠気がやってこない。というかむしろ目が冴えてきます。ただでさえ、初めての船旅に興奮して寝つけないというのに。

ああ、そういえばヘルシンキ市内で宿泊していたホテルは遮光カーテンがちゃんとしていたんだな。あれが普通だと思っていたけれど、あれは海外旅行者向けだったんだろうか。北欧の人々はこんなに明るくて眠れるのだろうか。もしかして眠らなくても平気なのだろうか。そういえば、ヘルシンキではホテルの外から毎晩にぎやかな声が聞こえてきて、夜更けまで続いていたよね。ああ、だって夜が更けないんだものね……。

青空という、明るさとか希望の象徴のようなものにまさか絶望することになろうとは。おそるべし、フィンランド人よ。ああ、スウェーデン人もいるのか。もし、次に乗ることがあったら、今度は窓のない部屋にしよう、絶対に……と悶々としながら明るい空をうらめしげに眺めるのでした。

　さてあれから幾度かシリヤラインを利用することになるのですが、乗船時の心得はこのようになりました。

・免税ショップは、乗船後すぐは混雑しているので、少し時間をずらす。

・スパ＆サウナは、最終入場時間が早いので注意（乗船してすぐに向かう人もいるくらい）。水着を忘れずに。

・ビュッフェは割高とはいえ北欧らしい料理やケーキも揃っているので、一度くらいは試してもいいかも。船内にはカフェやバーもあるので、乗船前の買い出しはしなくても大丈夫。

・下船時はエレベーターがすごく混むので、早めに部屋を出ておくこと。一度、出遅れてモタモタしていたら、「船の向きを変えるので待機を」とアナウンスがあり、なかなか下船できないことがありました。

・船上デッキをはじめ、船内からも外の景色を眺められるスペースがあるので、部屋に窓がなくても大丈夫。

・乗船前の写真撮影サービスは、最近はやっていないようです。

ちなみに冬に乗ると、見える景色が違います。夕方5時、同時刻に出発しても離岸時に見えるヘルシンキの風景が違う。というか、何も見えない。冬の5時はもう真っ暗なのです。だから冬なら窓のある部屋でも大丈夫……いや、何も見えないから、やっぱりなくていいのか。

トラムの町へ

北欧の都市のなかでも、日本からの旅行者にとくに人気が高い町といえばヘルシンキでしょう。ムーミンやマリメッコの根強い人気に加えて、映画『かもめ食堂』をきっかけに女性の一人旅が一気に増えたといいます。また昨今のサウナブームもその勢いに拍車をかけているのでしょう。それにつけてもヘルシンキの町はトラム（路面電車）が走っているのがいいのではないか、とわたしは思います。

トラムのよいところとは何か。路面を走り、町の様子を眺めながら移動できるのがいい。バスと違って降車のタイミングがわかりやすいのがいい。だから、なんとなく乗ってもなんとかなるのがいい。旅の初心者にもフレンドリー。そしてヘルシンキは行きたい場所の多くを、トラムでおおよそカバーできる。そんな、大きすぎない町の規模感も人気の理由なのではと思います。

最近は、地下鉄の路線も拡張して便利になったヘルシンキ。でも、町の様子を手っ取り早く見てまわるなら、やっぱりトラムがおすすめです。わたしの気に入っている路線は3番トラム。ヘルシンキ中央駅から乗れて町の見どころや地域をほどよく横断してくれる、ちょうどいい路線なのです。では3番トラムのルートをご案内しましょう。

中央駅を出てまず、フィンランドの軍人にして大統領にもなった国民的英雄マンネルハイムの名を冠した大通りを下ります。間もなく右折して右に見えますのは市民の憩いの場、オールドチャーチ公園、そして老舗のカフェ・エクベルグ。エクベルグのおすすめはシナモンロールとキャロットケーキ、そしてドーナツです。

雑貨も揃えるおしゃれ書店や、おいしいレストランの並ぶフレドリキン通りを抜けますと、かの有名な「かもめ食堂」のあるプナブオリ地域へ。ほどなく高級住宅街エイラ地区にさしかかります。そこからまた左折して走った先には、海に面したカイヴォプイスト公園が広がっています。この公園の海際には『かもめ食堂』にも出てきたカフェ・ウルスラがあります。

ほどなく港が見えてきますが、日中であればストックホルムへと向かう巨大フェリー、シリヤラインの停泊している姿が見えることでしょう。港を横目に走るうち、かもめが飛びかう市場カウッパトリが見えてきます。そこから建物の間を抜けてヘルシンキ随一の観光名所、大聖堂の前に繰り出し、老舗デパートのストックマン（裏手には『かもめ食堂』に出てきたカフェ・アアルトが入っているアカデミア書店があります）ほかショップがひしめくアレクサンテリン通り（クリスマス時期のイルミネーションも素敵！）を抜けて中央駅に戻ります。

そのまま乗って、中央駅を後にして北へ進むと、クマの銅像がかわいい国立博物館が見えてきます。トラムからは見えませんが、ヘルシンキの人気観光スポットのひとつ、岩をくり抜いたテンペリアウキオ教会の近くも通ります。そう3番トラムはヘルシンキの見どころを一挙制覇、『かもめ食堂』スポットもぐいぐいまわれる！そんな観光バス顔負けのルートを走っているのです。しかも、それが約3ユーロ（1回の乗車券代）でまわれちゃうというわけです。

初めてのヘルシンキで、何度も利用したのは6番路線です。北はアラビア製陶所（現イッタラ＆アラビアデザインセンター）、南は蚤の市で有名なヒエタラハティ広場に向かう路線で、食器やビンテージ雑貨やお宝探しが好きなら、滞在中に何度もお世話になる路線です。

サーモンスープやシナモンロールを食べに行くハカニエミ市場や、大きなクマの銅像がいるクマ公園（フィンランド人はクマが大好き！）を抜けて、古着やビンテージ食器店など個性的な店の多いカッリオ地区へと向かう1番トラムも何度乗ったことでしょう。ヘルシンキの旅は、トラムなしには語れません。

ヘルシンキの次に行きたい町

さて北欧には、ほかにもトラムの町があります。わたしの推しはノルウェーの首都オスロと、スウェーデン第2の都市ヨーテボリ。どちらも雑誌の北欧特集などではまずスルーされてしまう町ですが、ヘルシンキの町の規模感や、歩きやすさがしっくりきた方には、ぜひおすすめしたい町なんです。

オスロの町はざっくり分けると、東側がもともと労働者の町で、西側に高級住宅街があります。かつての労働者の町、グルーネルロッカ地域には、おしゃれな古着屋や、（オスロにしては）リーズナブルな食事ができる場所があり、週末には蚤の市も開催されています。

世界中からコーヒー好きが訪れるカフェや焙煎所も点在していて、滞在中よく入り浸っているエリアなのですが、このグルーネルロッカと、西の高級住宅街フログネルを結ぶ11番と12番のトラムが、わたしのお気に入り路線です。

東から西へと向かうときは11番に乗って、国立劇場やノルウェー王宮のそばを走り抜け、レストランや高級ショップがひしめくノルウェーでもっとも長いショッピングストリートを眺めながら西の終点へ。帰りは12番に乗ると、おこりんぼうの彫刻で知られるヴィーゲラン彫刻公園の前を通り、港へ抜けていきます。

ヴィーゲラン公園は彫刻の概念を変える公園です。あなたが、もしお調子者ならば真似してポーズをとらずにはいられない、なんでそんなにおもしろいポーズをいくつも思いつくの？ と感嘆せずにいられない彫刻が並んでいます。園内には200体以上もの作品があり、彫刻に誘われて丘の上までのぼると、もれなく美しいオスロの眺望も楽しめる、そんなおまけもついています。

ノルウェーといえばムンクですが、かの『叫び』が生まれた場所もトラムで行くことができます。それはエーケベルグの丘と呼ばれる場所。いや、これ丘というより山でしょ、といいたくなる険しい山道をのぼっていくのが、19番のトラムです。

オスロもまたコンパクトで大きすぎない、ほどよいサイズの町ですが中心街から少し行くだけで山があって、町と海が一望できる、自然との距離がとにかく近い町なのです。起伏があるので、コペンハーゲンのように自転車で移動するのは大変ですが、それでもオスロっ子はすいすいと自転車で走り抜けていきます。そんな様子をトラムに乗って、悠々と見学するのも楽しいもの。

車内で、妄想が止まらない

もうひとつのトラムの町、ヨーテボリはスウェーデン第2の都市であること、オープンで明るい人が多いことから一部では「スウェーデンの大阪」とも呼ばれています。たしかにカフェやバーではフレンドリーな接客が多いですし、おいしいビールやコーヒー、魚介のレストランなど、うまい店が多いところは大阪っぽいかもしれません。

ヨーテボリでは時折、古い車両のトラムも走っています。降車時は押しボタンでなく、窓の上に張られた紐を引っ張って合図する旧車両もあって、あの紐を引っ張るのが楽しみな一方で緊張もします。うまく引っ張れると音が鳴るのですが、ぐいっと引いてもうまく鳴らないこともあり……焦りましたね。

ヨーテボリのトラムというと、中央駅から走る3番路線の景色が脳裏によみがえります。川沿いにある緑が美しい王立公園を抜けて、ヨーテボリ大学の前を通りすぎるルートは、何度乗っても「いいなあ、この町」とため息が出ます。とくに角を曲がってヨーテボリ大学の正門前が見えてくる、その瞬間が好きで「来世ではこんな学び舎に通いたいものだわ」などと妄想が広がります。

3番トラムはその後、観光の中心地ともいえる旧市街ハガ地区の近くを通り、おしゃれなレコード店や海洋博物館の前を抜けて、個性的な住宅街マヨルナ地域へと向かいます。

もしもスウェーデン人に生まれ変わるなら、暮らしてみたい町マヨルナ。この地域では年に一度、巨大な蚤の市が開催されるので何度か訪れているのですが、ヨーテボリの中でもとくに古い住宅街が残る散策の楽しいエリアなのです。トラムに乗りながら、バルコニーのあるあの角の家に住んでみたい、ああこの通り沿いのアパートもいいなあ、などと家を眺めるのも楽しいのです。

ヨーテボリは港町で、美しい群島があることでも知られます。群島に向かうフェリーの船着き場へと向かう11番トラムも気持ちのいい路線。気温がぐっと高くなった初夏のある日に乗っていたら、港に着くまでの住宅地で停車するたびに浮き輪やビーチグッズを持った人たちがぞくぞく乗ってきました。いやあ、これだけ天気がよかったら、それは仕事や勉強をしてる場合じゃないですよね！　との空気に包まれる車内。ああ、スウェーデン人に生まれ変わったらヨーテボリの群島にサマーコテージを所有したい……と、そんな妄想も膨らむ路線です。

そういえばトラムの中で、やたらに話している人が多いな〜、と思ったのもヨーテボリ。ずいぶん話が盛り上がってるなあとぼんやり眺めていたら、どうやら知り合いではなくたまたま乗り合わせた人だったみたい？　と思われる風景も何度か見ましたし、わたしも前の席の人が突然こちらを振り返り、話しかけられたことがあります。スウェーデンで大阪を感じる場所、ヨーテボリのトラム。ぜひ乗ってみてください。

と、さもトラムのプロのような書き方をしてきましたが、わたしはいまでもよくトラムを乗り間違えます。あれれ、この路線だと、あそこは通らないんだったっけ。逆方向に乗っちゃった、などなど。でもトラムなら大丈夫。リカバーも簡単です。

通常、トラムを含む公共交通のチケットは、決められた時間内なら乗り換えは何度でもOKとされていることが多いです。だから怖くない、怖くない。とりあえず来たから乗ってしまえ、それでもOKなのがトラムのいいところです。

ああ、いつかトラムが走る町に住んでみたいな、住むならどこの地域がいいかなあ……なんて、そんなことを妄想しながら乗るのも楽しい、北欧のトラムです。

旅をするのによい季節

「北欧を旅するなら、いつがおすすめですか?」

これはおそらく、いままでもっともよく聞かれた質問です。わたしが好きな季節は5月〜6月にかけて。それから8月の終わり〜9月にかけて。

北欧旅行のハイシーズンというと、7月〜8月の夏場が人気です。気候が爽やかで日が長く、観光をするのにぴったり。わたしも、初めての北欧旅行は7月でした。屋外で大きな蚤の市も開催されますし、夏の時期しか見学できない建築もあります。

ただし7月は北欧現地の人々にとっても、夏休みのど真ん中。だから町なかからは、地元の人々が姿を消してしまいます。小さなアンティークショップやカフェの場合は「7月いっぱい、お休みします」と貼り紙がしてあることも。だからもし、普段の北欧をのぞきたいということであれば、ずらしたほうがいいかもしれません。

またハイシーズンだけに、ホテルや航空運賃も高いんですよね。普段の北欧をのぞきたい、そして気候のよさと費用のバランスを考えたところ、先にあげた時期がわたしのお気に入りシーズンとなりました。

蚤の市やフードフェスティバルなど屋外でのイベントは、4月末頃からスタートして、9月末頃まではやっていますし、5月はまだまだ肌寒いのですが、日が長くなるので「初夏だ！　まもなく夏だ！」と地元の人々はウキウキし始めるシーズンでもあります。

一方、8月中旬には秋の気配を感じる北欧。市場やレストランにはキノコなど秋の味覚も出まわり、地元の人々も夏休みから戻って、町は通常営業に戻ります。過ぎゆく夏を惜しむように8月の終わりには、大きな蚤の市や、北欧名物のザリガニパーティなども開催されます。コペンハーゲンを訪れていたときには水泳大会が開かれて、ふだんは水上バスや観光ボートが行き来する運河でレースが行われていたのには驚きました。

しかしここ数年、思うのは、6月〜8月の日差しの強さ。旅先で、それも北欧で天気がよいのは何よりですが、あっという間に日焼けしてしまいます。かっては「日焼けした肌はステイタス」と、さんさんと降り注ぐ太陽の光を嬉々として浴びていた現地の人々の間でも、最近では日焼け止めを使う人が増えています。

日差しの強さと暑さにへとへとになり、涼をとろうと建物のなかに避難したつもりが、冷房がなくてうわっと慌てたことも。「北欧は、夏でも冷房なしで過ごせていいねえ」なんて言っていたのは、もはや過去のことになってしまうのかもしれません。

北欧では、国の政策規模から個人の試みまでさまざまなレベルで気候対策への真剣な取り組みが見られます。もしかしたら、暑い夏に人も町も慣れていないから危機感を感じやすいのかも……？　今年の夏は暑くなっていいね！　と無邪気に喜んでいる場合ではないのだよなあとも思うようになりました。

三大イベント時期は要注意

北欧の人々が楽しみにしているイベントといえば、クリスマス、夏至祭、そしてイースター。夏至祭は6月の夏至に近い週末にかけて、イースターは移動記念日ですが、3月末〜4月にかけての日曜日になります。

この三つのイベントにあたる日は、前後期間も含めてお店が閉まることが多いので注意が必要です。とくにクリスマスとなると、23日まではあんなににぎわっていた町が、イブの午後には「人の死に絶えたゾンビ映画のワンシーンかな？」と思うほど町に人がいなくなります。バスの運行が止まる地域もあり、コンビニはもちろん、ホテルも一部クローズという徹底ぶりに、旅行者としては「どう生き延びろというのじゃあ」と嘆きたくなりますが、何度も旅をするうちに「そりゃあ誰だって休みたいよね。不便？　そんなの知るか、ですよね！」と、何とか思えるようになりました。

もう10年ほど前ですが、ダンスのイベントに参加するために、クリスマスをコペンハーゲンで過ごすことになりました。24日の夜に食事ができる場所をインターネットで探してまわったのですが、コペンハーゲンきっての観光スポット、チボリ公園内にあるホテルの豪華ディナー（お値段3万円くらい）か、ヒッピーが多く暮らす自治区クリスチャニアでの炊き出しか、その二択しか探し出せずに困ったことがありました。結果、友人が家に招いてくれて難を逃れたのですが。

最近はそこまでデッドタウン化はしないようですが、北欧でクリスマスシーズンを楽しみたい方は、イブと当日は避けたほうが無難です。通常は翌日の26日までが祝日ですが、クリスマスの後にはセールがスタート。日本のお正月みたいな感じですね。

問題は服装だ

北欧には冬しかないと思っている人が、案外います。「なんで、そんな寒いところにわざわざ行くの〜？」と言われることも多いのですが、北欧には春も夏も秋もちゃんとあります。冬に比べると短い、というだけで。

たしかに自分の経験でいえば、3月も4月もまだまだ冬の寒さでしたし、5月になっても春と思えない気温のこともありました。6月のアイスランドでは、おみやげとして人気が高いロパペイサ（アイスランドウールを使った暖かいセーター）を普通に着ている人もいました。8月にフリースを着て過ごしたこともあります。北欧の人々が「20度を超えたら夏」と話すのを聞いて、夏のハードル低いな！　と驚いたこともありました。だから夏にかけての旅でも、寒さ対策をするに越したことはない、とは言っておきましょう。
「天気が悪いのではない、服装が問題なのだ」とは、北欧のことわざ。

旅の快適さも、服装にかかっているといっていいかもしれません。旅の計画を立てたら、まずチェックしたいのは現地の天気予報です。ノルウェーの「Yr」という天気予報サイトは当たると評判で、デンマークの友人もスウェーデンの友人もアプリを入れてアテにしていると知って、ますます信頼度が上がっています。

北欧を旅するときの服装は、重ね着が基本です。夏でも冬でも、です。夏でも夜になると、ぐっと冷えますし、真冬でも部屋のなかはたいてい快適に暖かいので、調節できることが肝心なのです。

とりあえずスーツケースに放り込むのは、メリノウールの肌着です。初夏〜初秋なら半袖もしくはノースリーブ、もっと寒い時期には長袖を数枚。

メリノウールのよいところは暖かいだけでなく、汗をかいても吸収してくれるところ。寒さ対策に気をとられていたら、家のなかが暖かくてじんわりと汗をかいたとか、肌寒い日にハイキングをしたら意外に汗をかいたとか。その冷えた汗で体を冷やしてしまうこともあるので、メリノウールが心強いのです。

それからメリノウールって洗濯をしなくても臭いがしにくいのがいいんですよね。登山家の方によると、1か月くらいは着たままでも臭わないし大丈夫らしいです。1か月とはいかずとも、着っぱなしで平気なのは旅先でもありがたいです。

アウターは防寒に加えて防水、防風性が大事です。思っている以上に手ごわいのが風で、立っているのも大変なほど横殴りの風に見舞われることもありますし、気温はそれほど低くないのに風にあたっているうち気づけば体温が奪われていた、ということもありました。

北欧では都市部でも本格的なアウトドアジャケットを着ている人が多く、やっぱり生活必需品なのだなあと思います。「おしゃれは我慢」などと、生ぬるいことを言っている場合ではないのでしょう。各国それぞれに優れたアウトドアブランドがあり、いつか現地で調達したいと思ってては値段にひるんでいたのですが、北欧へ通い始めて十数年、ついにフィンランドのサスタ社のアウターを手に入れてしまいました。

実際に旅で着てみて実感したのは、防水、防風にくわえて通風性のよさ。森でハイキングをして汗をかいてもムレないって大事！　フードにはワイヤーが入っていて頭にぴったりと合わせてかぶれるのにも感動しました。風が吹くとたいていフードが飛ばされてしまって、かぶり直すのにもひと苦労していたのです。このかゆいところに手が届く感じ、やっぱり餅は餅屋です。

ええ、わたしもやっと胸をはって「天気が悪いのではない！」と唱えられるようになりました。

そういえば、北極圏の町ロヴァニエミを歩いていたときのこと。観光客はみなスキーウェアのようなモコモコとした格好をしているというのに、地元の高校生くらいの若者たちがスキニーデニムをはいているのを見ました。北海道の女子高生は冬でもミニスカートに素足でソックスをはいていると聞いたときも驚きましたが、北欧でも「おしゃれは我慢」精神はあったようです。あれは、はたして寒さに慣れているからか、それとも見えない何かを着ていたのか。

踊るために北欧へ

「北欧へ行くようになったきっかけは？」

とはよく尋ねられるのですが、「フィンランドのアルヴァ・アアルトの建築を見たくて」。これが第一の理由。でももうひとつ、北欧を旅し続けている理由があります。それはダンス。

一般的には、北欧を旅する理由の上位を占めるのはデザインや建築めぐり、オーロラやフィヨルドなど北国ならではの自然や絶景、サンタクロースやムーミンに会いに行く、福祉や教育現場の視察、手芸やクラフトめぐり……といったところでしょうか。ダンスがしたくて北欧へ、という人はあまり聞きません。

わたしが北欧で踊りたかったダンス、それはスウィングダンスと呼ばれるものです。戦前から戦時中にかけて世界的に流行したスウィングジャズに合わせて踊るダンスで、もともとはニューヨークのハーレムで生まれました。ジャズとともにヨーロッパでも人気が広がったダンスは時を超え、スウェーデンのダンサーたちに再度注目されます。アメリカでも80年代頃からリバイバルブームが起こっていたのですが、そのブームを一緒に盛り上げてきたのがスウェーデンでした。

毎夏、スウェーデンのヘラングと呼ばれる村では世界最大規模のスウィングダンスイベントが開催され、世界中からダンサーが集まっています。なんと4週間にわたる長期イベントで、日中はレッスン、夜はダンスパーティと一日中ダンス漬けの1か月。レッスンをとる場合は1週間単位での参加となり、週ごとにレベルがアップしていく仕組みです。

一度は参加してみたいけれど、1週間ものレッスンに耐えられるかな、夏は航空運賃も高いし、そもそもヘラングなんて辺鄙《へんぴ》なところまでたどり着けるのだろうかと二の足を踏んでいたわたしの背中を押したのは、推しの存在でした。日本ではまだ数少なかったダンス仲間と、スウェーデンから取り寄せたレッスンビデオを見ていて、心奪われてしまったのが、ザカリアス先生でした。

ストックホルムのダンスグループに所属するザカリアス先生は、ヘラングの運営にも関わっていて、レッスンも担当しています。……ということは、ヘラングへ行けば、ザカリアスに会える。操り人形のように重力を感じさせないバランスで、宙を切り裂くようなステップを踏むザカリアス先生の、あの踊りを生で見られる。ヘラングでザカリアス先生に習っている自分、ダンスフロアでザカリアス先生と踊っている自分の姿までを頭に思い描いてしまったわたしは、もう引き返せませんでした。行くぞ、ヘラング。せっかく北欧へ行くのなら、ヘラングまで行っちゃうぞ。数年来の憧れを実現することにしたのです。

とはいえ、初めての北欧でいきなりヘラングに1週間は使えません。夜のパーティだけ参加することもできると聞いて、ストックホルム滞在時に一日だけヘラングまで足を延ばすことにしたのでした。

ヘラングは、ストックホルムから車で2時間半ほどの村。いまでこそグーグルマップに「Herräng」と入れれば、ああこの辺りかとすぐ見当がつきますが、当時はよくぞあんなところまで行ったなあと思います。ストックホルムの北、ウプサラの西に位置するノルテリエ市最北端にある村で、人口は400人程度（当時）。ストックホルムから公共バスで行くこともできるのですが、バスの本数は極めて少ない。初めての北欧で行くには、かなり難易度の高い場所でした。

それでもストックホルムの公共交通機関のサイトを探り当て、バスの乗り方や時刻表を調べ、当時はスマホなんてないのでバス乗り場や時刻表をプリントアウトして、それを片手になんとかたどり着くことができました。

乗車券は車内で買うより、事前に駅やキオスクで買っておいたほうが割安。そうかキオスクで乗車券が買えるのか……と現地のルールも、そのときに学んだのでした（現在はアプリ化が進んで、バス車内で乗車券を買うことはできなくなりました）。

初めてのヘラングは人の多さと、世界から集まるダンサーたちのエネルギーに終始圧倒されっぱなしでした。ダンスフロアは人の波。せっかく来たのだからと気持ちを奮い立たせてダンスフロアに出るものの、体格がよく、パワーも段違いの彼らとのダンスは楽しむ以前に、ついていくのがやっとでした。

そして肝心のザカリアス先生なのですが、人があふれるダンスフロアで「たぶんあそこに見えるのが、ザカリアスでは」くらいの確認しかできませんでした。よくよく考えてみると、画像の粗い映像でしか見たことのなかったザカリアス先生の顔がそこまできちんと認識できていないことに、その場で気づいたのでした。しかもその日はよりによって仮装パーティの日。かぶりものをしたり、顔に何かを塗っている人も多く「あ、たぶんあそこにいるのはザカリアス……？」「いや、似た人かもしれない」を繰り返し、結局「たぶん、あれだったのでは」で、わたしの初ヘラングは終了してしまいました。

不甲斐ない結果となりましたが、それでもなんとかヘラングを訪ねて、世界から来たダンサーたちと踊れたことは大きな自信となりました。そして調子づいたわたしは翌年、1週間のレッスンをとることにしたのです。

北欧の食・住・夏を楽しむ

ヘラング・ダンスキャンプは、世界に数あるダンスイベントのなかでもかなり特異な存在です。キャンプの運営を支えるのは、多くのボランティア。1週間ボランティアをしたら別の週に無料でレッスンを受けられる仕組みがあるので、数週間にわたって参加するダンサーもたくさんいます。

ヘラングは小学校を中心とした小さな村で、夏の間は学校が閉まり、周囲の住人もサマーハウスへ出かけてしまうので、学校と周囲の敷地を借り切って運営している……という背景も、なんともスウェーデンらしい。

1982年にスタートし、初回の参加者は25名ほどだったのがいまでは世界中から毎週数百名ものダンサーが参加する一大イベントに成長。レッスンやダンスパーティの会場は、小学校の体育館や教室が中心です。参加者が増えるごとにダンスフロアは拡大していて、拡張したダンスフロアや宿泊者用の二段ベッドの設置といった会場設営は基本的にボランティアの手で行われています。その様子も動画で見ることができるのですが、床もベッドも家具も、どんどん組み立ててしまうスウェーデンっ子たちの手際のいいこと。さすがＤＩＹとイケアの国！

わたしが滞在したのは、アパートの一室です。夏の間は長期で留守にする人が多いため、キャンプ運営者を経由して地元のアパートや住居を借りることができるのです。民泊の先駆けですね。節約したい人向けには、二段ベッドがたくさん並んだ大部屋もあり、さらにお金がない人は、屋外にテントをはって滞在することもできます。

滞在したアパートは、流しと電子レンジのある極小キッチンとトイレ付きでシャワーは共用と、最小限住宅のようなワンルーム。夏だったからか、アパートの前では日々、蚤の市が開催されていました。

近くには小さなビーチもあって、レッスンのない時間にはビーチへ出かけて泳いだり、小さな村の家々を見ながらうろうろと散策をしていました。庭つきの家が多く、庭には小さなトランポリンが置いてあったり（北欧っ子はトランポリンが好き）、玄関先で水を飲んでいる猫の器がよく見ると、スティグ・リンドベリのベルサ柄（ビンテージ好きの間で人気の高い食器）だったりと、時折「わあ、さすがスウェーデン！」と思う場面にも出くわしました。

ビーチには小さなヨットハーバーもあり、たくさんのヨットやボートが停泊していて、「自分の船で家からやってきた」というダンサーもいて、これまた「スウェーデンらしいわあ！」と驚いたものです。

まさか人口４００名ほどの小さな村で1週間も過ごすことになるとは思いもしませんでしたが、ヘラングでの滞在は、その後、北欧の暮らしや文化への興味を掘り下げていくうえで何度も思い出すことになります。


行く前から気になっていたのは食事です。レッスン参加者は食堂での食事プラン付きも選べるのですが、ここは迷いました。スウェーデンの食堂ごはん、おいしくないのでは。でもレッスン後に自炊も大変そう。でも疲れた体に慣れない食事もイヤ……と熟考の末、レンチンできる真空パックの白米、味噌汁のもと、ふりかけなどを持参して、あとはなんとかなるだろうと自炊の道を選びました。

蓋を開けてみれば敷地内には小さなスーパーマーケットがあり、カフェやホットドッグ店など軽食がとれる場所もいくつかありました。カフェの食事もホットドッグもおいしくて、「ヘラング、じつはおいしい！　毎日これでもいい！」となり、パックの白米の出番はついにありませんでした。

いまでも思い出すのは、疲れて風邪をひきそうになっていたときにカフェで食べた人参と豆のスープ。あの隠し味はクローブに違いないと後でわかるのですが、煮崩れした人参とレンズ豆のもろもろとした食感のやさしい味のスープに、スパイスと生姜がこれでもかときいていて、疲れを吹き飛ばしてくれました。じつはこの味をきっかけに「北欧のごはんは、おいしい！」と食文化に興味を持つようになったのです。

敷地内にはアイスクリームパーラーもあって、スウェーデンのアイスクリームのおいしさにも目覚めます。もうひとつ、スウェーデン人がこよなく愛する味、ホットドッグにも挑戦しました。フライドオニオンやピクルスをたっぷりとかけて、ケチャップの他に甘いマスタードをつける北欧式のホットドッグは滞在中に、何度食べたことでしょう。食費が高い北欧で、手軽に食事を済ませるときはホットドッグスタンド。そんな鉄則もヘラングで学んだのです。

スウェーデン流のお・も・て・な・し

レッスンやパーティ以上に記憶に残っているのが、毎晩9時から開かれていたミーティングです。夜のダンスパーティが始まる前の集いで、キャンプディレクターから明日の予定や注意事項、忘れ物などについて連絡があるのです。場所が小学校の体育館なので、運動会や修学旅行の説明会のような雰囲気になるのですが、連絡の時間が終わると、ちょっとしたおもしろプログラムが用意されています。

わたしが滞在していた週には、突然舞台にゴリラの着ぐるみを着た人が登場してきて踊りだし、「さて、この人はいったい誰でしょう」と当てるクイズが連日行われていました。「わあ、◯◯先生だったのか〜！　さすがの足さばき〜」となる日もあれば、一参加者が踊っていて「当てろと言われても、わかるわけないがな」という日もありました。基本的にはおバカな出し物なのですが、これぞヘラング。1週間ものレッスンと夜ごとのダンスパーティに加えて、言語や文化の違いに疲れ気味のヘラング初心者にとって、ミーティングは先生やボランティア、有志による出し物に笑いながらリラックスし、ヘラングのノリになじんでいく場でもあるのです。

勇気があればゴリラの着ぐるみを着て舞台に立ってもいいのです。

ほかにも斬新だなあと思ったのが、毎週水曜日の文化交流デー。この日は一日レッスンなし。せっかく世界各地からダンサーが集まっているのだから、お互いの文化を学ぼうと「イギリス人の先生によるアフタヌーンティ講座」から「ロシア語でナンパする講座」などダンス以外のさまざまな講座やプログラムが催されます。隣町までのサイクリング、サッカー、ボートなどのアクティビティもあります。

ここでも我こそはという参加者は、自分なりの講座を主催することもできます。日本の折り紙講座をやったら、誰か興味を持ってくれたでしょうか。

ダンスのイベントではるばるスウェーデンに、それもこんな田舎町までやってきてレッスンがないなんて！　と戸惑う人もたまにいるようですが、これぞヘラング。スウェーデンをはじめ北欧の教育は教室のなかだけでなく、森にでかけたり多角的なアプローチをするとか、自主性を重んじるといったことがよく報じられますが、ヘラングのやり方もそうした流れにある……のかもしれません。

ボランティア制度にしても、ミーティングや文化交流デーにしても、参加者がその気になれば運営側の一部になれる。それがヘラングの大きな魅力でしょう。ちなみにわたしはボランティアで、ほんの数時間ですがDJを担当しました。日本のジャズバンドをかけたら「いまの曲は何ていうバンド?」と尋ねられたり、にぎわうダンスフロアで「フロム・トーキョー!」と紹介されたのは嬉しかったですね!

1週間を過ごした最後の夜は、仮装パーティでお別れです。仮装には毎週テーマが掲げられ、「海賊」「マルディグラ」「古代ローマ」さらには「禁酒法時代」に「スタジオ54（70年代の伝説のナイトクラブ）」など、なかなかにセンスを求められるお題が出されます。わたしが参加した週は、なんとちょうど「ザ・スウェディッシュ」がテーマで、青と黄色の国旗カラーのTシャツやサッカーユニフォームに身を包んだ人を始め、アバ、クロスカントリーの選手、バイキング、ヘラジカ、そして大量の「長くつ下のピッピ」がいました。圧巻だったのは、スウェーデンの高校生が卒業時に乗るデコトラを再現したグループ。スウェーデンの高校の卒業式のはじけっぷりは凄まじく、垂れ幕や花で飾りつけたトラックやバンに乗り、音楽をかけて、歌って、飲んで、騒ぐのです。日本の成人式（ではじける一部の人々）とちょっと似ているかもしれません。

その日はダンスフロアだけでなく、広場でもさまざまな催しが企画され、伝統楽器のニッケルハルパを演奏する人がいたり、ピッピの仮装をしたダンスの先生が腕相撲に応じていたり、シュールストレミングや嗅ぎタバコのお試しコーナーもありました。スウェーデンが誇る珍味であり「世界一臭い缶詰」といわれるシュールストレミングは、発酵したニシンの缶詰。缶の中でも発酵が進んでいるため中身が飛び散らないようにと、水を張ったバケツの中で開けるんだ……とはヘラングで学んだこと。上唇と歯茎の間に挟んでニコチンを摂取する嗅ぎタバコもスウェーデン生まれの珍味ですが、初めて実物を見ました。

わたしも思い切って、ここでシュールストレミングのデビューをすることに。最初はドキドキ、吐き出したくなったらどうしようなんて思っていましたが、意外にも味はそれほどキツくない。「ニオイはすごいけど、案外イケるわ」とパクパク食べていたら、まわりで面白がって見ていたスウェーデンのダンサーたちが大喜び。

そうですよね、日本のお祭りでくさやを食べまくる外国人がいたら、思わず声をかけたくなりますよね。連日のクラスでは、ついていくので精一杯、体力的にもきつくて落ち込むこともあったヘラング滞在でしたが、発酵食品や臭い食品には慣れている日本人の底力を見よ……とばかり、スウェーデンが誇る珍味を食べたことで地元ダンサーたちと交流ができたのはいい思い出です。その後のダンスパーティでも「君、さっきシュールストレミングを食べてたよね！」とダンスに誘ってもらえました。

『ミッドサマー』を彷彿とさせる夏の日々

夏の北欧人の体力と浮かれぶりはすごい、とは聞いていたんです。いたんですが、ヘラングでそれを目の当たりにして、たまげましたね。もちろん海外から来たダンサーたちだってはしゃいでいるんです。爽やかな北欧の夏、都会から離れてダンサーしかいない無礼講的なノリも許される場で、日がな一日踊って、おバカなことをして……そんなシチュエーションでは、誰しもが調子にのりたくなるもの。しかしこれが1週間、それ以上と続けばだんだんとみな生気を失っていきます。夜更けになっても沈まぬ太陽、沈んだかと思ったらすぐまた明るくなる北欧の夏にペースを狂わされる人々も多数。スウェーデンっ子たちと同じ調子で騒いでいると、体力が持ちません。

またスウェーデンではお酒の規制がゆるいので、アメリカから来た若者たちは、「自己責任でお酒飲み放題だなんて、ここは極楽か〜！」とばかりにお酒を飲みまくり、翌日レッスンに参加できなくなるというのも、ヘラングあるあるです。学生時代にアメリカ留学していたわたしは、浮かれたアメリカ人に対抗できる者などいないだろうと思っていましたが、夏のスウェーデン人にはアメリカ人も敵いません。

週の後半には体力消耗や連日の不摂生から風邪が流行り、「ヘラング風邪」なる言葉もあると聞いて苦笑しましたが、スウェーデンのダンサーたちはそんな状況もなんのその、無限の体力で淡々とサバイブ。夏の美しい時間を、逃してなるものかと前のめりでみな楽しんでいるのです。

スウェーデンの夏至祭を舞台に「明るいことが、おそろしい」のキャッチコピーで日本でも大ヒットした映画『ミッドサマー』では、スウェーデンでのバカンスを夢見てやって来たアメリカ人の若者たちが地元の人々からおそろしい目にあいますが、だんだんとペースを崩され正気を失っていく様子を見て「なんだかヘラングみたいだな」と思ったものです。

スウェーデン式、ダンスフロアのルール

スウェーデンで初めて踊ったときに軽くショックを受けたのは、なかなか誘ってもらえないこと。スウィングダンスはペアで踊るので、パーティではお互いに誘い合うものなのですが、ダンスフロアで声がかからない。アメリカで踊ったときは「どこから来たの？」と次から次へとみんなが声をかけてくれたのにな……とちょっぴり悲しくなったものです。

ただし一度踊ると「もう一曲、踊る？」と続けて踊るのがスウェーデン流。知らない顔にぐいぐい誘いにいくほど社交的ではないけれど、いったん踊ればもういっちょいく？　といったコミュニケーションのとり方は、なんとなく日本人的というか、親しみも感じてしまいます。

「スウェーデンの人たちとコンペで一緒になるのは楽しい」と語ったのは、スウィ

ングダンスの国際的な競技会によく出ていたアメリカ人ダンサーの友人。「アメリカ人同士だと、あいつに負けたくないとか、足の引っ張り合いがよくあるんだけど、スウェーデンのダンサーたちは勝ち負けをそんなに気にしない。どういう結果になっても後腐れがなくって、気楽でいいんだよね！」と。

それを聞いてふと、ロシア語翻訳の米原万里《よねはらまり》さんの著書で、ロシアからアメリカへ亡命した音楽家が「ロシア人はお互いの成功を喜び合うけれど、アメリカでは妬《ねた》まれるのが悲しかった」と話していたエピソードを思い出しました。スウェーデンも、ライバルの成功を喜ぶお国柄なのでしょうか。

そういえばスウェーデンには「出る杭《くい》は打たれる」的な考え方があるんですよね。人より優れていると思うべからず、自分が特別だと思うべからず……といった謙虚であることを美徳とするような考え方で、もしかしてその影響があるのかもしれません。

暮らすような旅の意味

ヘラングはいまも続いていて、２０２２年には40周年を迎えました。コロナの影響で休止となった年もありましたが、無事復活。でもここ数年は、ある問題に直面しています。それは人種差別。世界的に広がりを見せたＢＬＭ運動を通じてヘラングでも声をあげる人が増えたのです。

黒人かっこいい！　と無邪気に憧れて、ただ表面だけを真似しようとするパフォーマンスは批判されるようになり、これまでは「悪気はないのだから」で、流されていた感覚のずれが浮き彫りになりました。ジャズや黒人カルチャーに憧れるあまり、無意識の差別をしてしまうのは日本も同じで、身につまされるものがあります。

ボランティアや参加者の間で人種差別的な行為があったことも告発されました。じつはわたしが参加したときにも、ある先生が中国語で歌を披露した際に、周囲の人から「あなたの国の歌ね！」と声をかけられ、「わたしの国ではないですよ」と返したら、ただ残念そうな顔をされたことがありました。当時は仕方ないとスルーしてしまいましたが、自分の存在が雑に扱われているんだなと感じた違和感は覚えています。いまだったらちゃんと声を上げて、その違和感を伝えたいですね。

初めてヘラングへ来たときは、ずいぶん遠くへ来たもんだと思ったものですが、そのおかげで通常の旅ではたどり着くことはなかったであろうスウェーデンをのぞくことができました。あれはもしや「暮らすような旅」だったのかしらん、とも思います。いや、だいぶハードな体験ではありましたが。

えー、では最後に推し活のご報告をさせてください。二度目のヘラングではめでたく、ザカリアス先生と踊ってもらうことができました！　じつは初めてのヘラング後に、先生がダンスツアーの一環で来日するという奇跡が起こりました。なんと日本でレッスンを受けることができたのです。しかも当時の日本はスウィングダンス人口がまだまだ少なく、ザカリアスのすごさを認識している人も少ない。おかげでレッスンだけでなく、パーティで踊ってもらったり、おしゃべりまでできました。

白状しますと、そのときにザカリアス先生に「来年、ヘラングで待ってるよ」と声をかけられて、ぽ〜っとのぼせ上がり、1週間の参加に踏み切ることとなったのでした。

二度目のヘラングで再会したときには、きちんと覚えていてくれたザカリアス先生。なんと先生からダンスに誘ってくれるという幸運付き！　しかも踊り終えたら「ワンモア？」と次の曲も誘ってくれました。ザカリアス先生からワンモア〜！　かくしてわたしのヘラング奮闘記はしあわせに包まれて終了し、わたしのスウィング熱とザカリアス熱はさらに燃えあがり、スウェーデンとの絆はその後さらに深まっていくこととなるのです。

仕事として北欧と関わっている人々のなかには、もともと「a-haが好きだったから」「ムーミン好きで」などなど、推し経由でハマりましたという方も案外いるんですよね。いまわたしがこうしてあるのも半分くらいはザカリアス、あなたのおかげでしょう。推しのちからは強い！

おみやげにしたい絵本

フィンランドへ行ったらムーミンの原語版を手に入れるぞ！　と意気込んで、ムーミンショップでフィンランド語のコミックスを手に入れたところ、「ムーミンの原語はスウェーデン語だよ」と友人に指摘されてびっくり。

そう、作者のトーベ・ヤンソンはスウェーデン系フィンランド人で、ムーミンのお話はもともとスウェーデン語で書かれているんですよね。スウェーデン語を話し、スウェーデンの文化を色濃く受け継ぐスウェーデン系フィンランド人の存在を知ったのは、ムーミンがきっかけでした。

軍人で大統領にもなったマンネルハイム、作曲家のシベリウス、アラビアやイッタラで多くの名作を残したデザイナーのカイ・フランク、そして建築家アアルトもスウェーデン系と聞き、わたしの知るフィンランド文化って、スウェーデン系フィンランド人によるものが多かったんだなあと改めて気づかされました。フィンランドといえば森と湖の国だけれど、スウェーデン人は海を好むと聞いて、ムーミンパパが海に惹かれるのもスウェーデン系のＤＮＡを受け継いでいるからかな、などと想像しています。

子どもの頃にアニメでよく見ていた、大好きなスプーンおばさんがノルウェー生まれと知って、原語で絵本を買うぞ！　とこれまた意気込んでいたのですが、うっかりスウェーデン語版を買ってしまいました。「またやってしまった……」と思っていたのですが、調べてみると、どうやらノルウェー語よりスウェーデン語版のほうが先に出版されたとのこと。

スウェーデン版とノルウェー版では挿絵も違い、日本語版はスウェーデン版のビョーン・ベルイによる挿絵とわかり、じゃあオリジナルといえなくもないな、と開き直ることにしました。わたしにとってのスプーンおばさんといえば、アニメのおばさんなのですが。

いまも大好きな絵本『あおい目のこねこ』は、デンマークの作家によるお話。本家デンマーク語版を「コペンハーゲンのデザインミュージアムでみつけて買った」とのブログを偶然読んで、わたしも探してみることにしました。

しかしミュージアム併設のショップはそれほど大きくないというのに、見つからない。もしかして、もう取り扱いしていないのかと不安に思いながら店員さんに尋ねると、そこにあるよと案内してくれました。見てびっくり。表紙がぜんぜん違います。

海外の書籍が邦訳されるとき「表紙がぜんぜん違う！」と話題になることがありますが、絵本もそうだったとは。日本語版は白地にこねことタイトル、著者名だけのすっきりシンプルな装丁なのに対して、デンマーク語版は茶と黄色の壁紙の前に座るこねこに、赤文字のタイトルがかぶさるように配置され、やたらにカラフル。色の洪水にこねこが埋もれているじゃないの！

日本語版表紙のこねこは、中身ページからとられたカットですが、デンマーク語版の表紙にいるこねこは「こんな絵、なかに描いてあったっけ？」な表情をしています。おそらく、これは表紙のための描き下ろし。それじゃあ気づかないわけです。デンマークに暮らす友人が、わたしの『あおい目のこねこ』好きを知って、ブックフェアで見つけたというこねこのポストカードを送ってくれたこともありました。それもまた「そんな顔、見たことないよ！」な表情。いいなあ。本国では、絵本に描かれた以外のこねこが、ときどきどこかに現れるんですね。うらやましいです。

『あおい目のこねこ』は、圧倒的多数派の黄色い目のこねこたちに「青い目なんて、へんなの！」といじめられながらも、たくましく生きていくこねこの物語。同じくデンマークが生んだ名作、アンデルセンの『みにくいアヒルの子』とも通じる設定ですが、青い目のこねこはどこまでもマイペース。

アヒルが白鳥になるかのごとく、青い目のこねこも理想郷を見つけて一発逆転、な展開もあるのですが、そこで黄色い目のこねこたちも巻き込んで一緒にハッピーエンドを迎えるのがまたすばらしい。

あのサバサバ感、めげないところ、そしてお調子者のところがわたしは大好き。旅をしているときも「道、まちがえた！　ぜんぜん大丈夫！」「牛乳と思ってたら違う飲み物だったけど、へっちゃら！」と青いめのこねこのようにいたいものです。

自転車の視線で

コペンハーゲンで、やってみたかったこと。それは自転車で町をまわること。デンマークの首都コペンハーゲンといえば、世界に名だたる自転車の町です。市民の半分は自転車で通勤や通学をしているし、町の仕組みも、車より自転車優先。この数年でさらに施策が充実し、自転車しか走れない橋や道路もありますし、この町には自転車でしか見られない景色があるのです。

しかし自転車大国だけあって、サイクリストがとにかく多い！　そして走るのが速い！　自転車の猛者《もさ》たちが走り抜けていく町で、ひよっこ自転車乗りが果たしてやっていけるのか……と、二の足を踏み続けて十数年。

でも〝コロナ〟が終わったら、「次こそはコペンハーゲンで、自転車に乗る！」

と決心し、日本でも自転車生活を推進して足腰を鍛えておりました。そしていよいよ、その日がやってきました。ひさしぶりの訪問時にいよいよ挑戦することになったのです。

いまはレンタルサイクルではなくシェアサイクルの時代です。……と偉そうに書いてみましたが、両者の何が違うかといえば、シェアサイクルの場合は、レンタルのように借りる場所、返却場所が決まっておらず、マップ上で利用できる最寄りの自転車を見つけて、基本的に乗り捨てOKなのです。これは旅行者にもありがたい仕組み。スマホにアプリをダウンロードして、クレジットカード番号など支払いに必要な情報を登録しておけば、いつでも利用スタートできるのも便利です。

これまで街歩きといえばバスや地下鉄、列車、トラムなど公共交通を主に利用していました。とくにコペンハーゲンはバスの路線がわかりやすく、さらに地下鉄の路線も拡張してますます便利になったので、急ぐときは地下鉄で、町を眺めながら移動したいときはバス、と使い分けしながら公共交通を乗りこなしてきました。

そこに加わった、自転車での町めぐり。徒歩よりも速く、バスよりもゆっくりと。路地裏や知らない道をついのぞかずにはいられない、わたしのような者にとっては、ちょうどいい足ではないでしょうか。適度なスピード感がありつつ、止まりたいところで止まれるのもいい。もちろん初心者としては、車の交通量が多い大きな道路はできるだけ避けて、自転車で走りやすそうなルートを選びつつ走ることになるのですが、バスでは通らない道、歩くには遠まわりな道など、これまで通ったことのない道を発見する楽しさも、自転車に乗らなかったら気づけなかったことでしょう。

思えばヘルシンキやオスロの街にはトラムが似合う。大都市ストックホルムは地下鉄とバスが快適。レイキャビクは歩いてまわれるけれど、電動スクーターも便利そう。コペンハーゲンはやっぱりきっと自転車がちょうどいい街なんだろうなあと、改めて街歩きのスタート地点に立ったような気がしました。

自転車でハシゴしたい場所

コペンハーゲンは運河の町として知られますが、橋の町といってもいいのではないかとつねづね思っています。運河に並び立つ建築や町並みを一望できる橋、恋人たちが願掛けをする橋、国際的に活躍するアーティスト、オラファー・エリアソンがデザインした橋など話題の橋もありますし、18世紀に造られたロココ調のアーチ橋といった歴史をとどめる場所もあります。

可動橋も多く、昔ながらの跳ね橋もあれば、水平に開く開閉橋もあり、「えっ、そんな方向に開くの！」と驚いたり、「そんな複雑な形をしてるのに開くのか！」と現代技術のすごさを目の当たりにする橋も。

そして橋めぐりを楽しむには、自転車がぴったり。もちろん徒歩でも楽しめるのですが、運河にかかる橋をいくつか歩いて移動したときにはあんなに遠いと思っていたのが、自転車ならあっという間に移動できるんだなあと感動しきり。橋のハシゴは自転車が最適です。

運河と並行するようにして、町のなかに水を湛《たた》える人工の湖にも名物の橋がかかっています。ドローニング（女王の意味）・ルイーズ橋は、コペンハーゲンでもっとも自転車の通行量が多い橋。昨今の施策で自転車レーンが広くなり、通行人が腰掛けられるベンチも置かれていました。

通勤や通学の要であり、憩いの場所でもあるという、コペンハーゲンの自転車ライフのシンボルのような橋ですが、この橋に向かって湖沿いの自転車レーンを走るのが、わたし的ベスト・サイクリング体験となりました。晴れた日に、湖に並走するかのように走る気持ちよさといったら……。自転車専用の道なので初心者でもスイスイと走れますし、湖沿いのベンチでひと休みするのもよいもの。

思えば、この辺りはいつもバスで通りすぎるばかりで、ゆっくりと眺めを楽しんだことはなかったなと、自転車で来てみて気づきました。ええ、これでわたしもコペンハーゲナー、そんな誇らしげな気分で自転車のペダルを漕いだのでした。

もうひとつ憧れていたのが、運河を渡る自転車専用道路の通称「スネイク」。運河と歩道を見下ろすように造られた高架式の橋で、近くを通るといつも「あそこを走ってみたいなあ」と見上げていました。それがついに、見下ろせる側に！

実際に走ってみると、地上からかなり離れた高さが、まるで高速道路を走っている気分。しかも橋の手すりは足元まで欄干のスケルトン的構造で、景色が透けて見えるのがまたスリリング。建物の間を浮遊するように、でもスピード感たっぷりで駆け抜けていく感覚はどこか既視感……そうだ、スパイダーマンみたい。対向車線と一車線ずつの道幅ながら、それでもすーっと後ろから迫ってきて抜かしていく人がいて、それもドキドキです。

なんとかペースを保って走り、建物の合間を抜けて運河が見えたときの爽快感といったら！　わずか２００メートルほどの挑戦は、あっという間に終わってしまいましたが、日本で自転車生活に励んだ甲斐がありました。

第2章
やっぱり家が好き

巨匠の家に暮らしたい

建築やデザインに明るくなかったわたしが、フィンランドの建築家アルヴァ・アアルトの世界にすっぽりとハマってしまったのは、たぶん「手が届きそう」と思えたからじゃないかと思います。いま思えば、ずいぶんと不遜《ふそん》な考えなのですが。

おしゃれなインテリア雑誌で見るクリエイターや趣味人たちの部屋は、なんだかすごすぎる。おしゃれすぎる。手が出ない。外国だからこうなる。生活感がない。お金があればできるんだろうな……と他人事のように眺めるばかりで、インテリアやデザインなるものに対してはどこか斜に構えていました。それが、アアルトのデザインにはあっさりと心を掴まれてしまったのでした。

初めての北欧旅行の主たる目的は、アアルトの建築めぐりでした。アアルトが夏を過ごした実験住宅コエタロを皮切りに、アアルト建築が世界でもっとも多く残されている町ユヴァスキュラを訪れ、また別の日程でヘルシンキから電車で4時間ほどかけて、住宅建築の傑作といわれるマイレア邸も見に行きました。そうした「大物」を見る合間にさくっと訪れたのがアアルトの自邸で、思えばここでアアルトの世界にすっかり魅了されてしまったのです。

立て続けにアアルトめぐりをしていると「格子が好きなんだな」とか、「直線的なデザインの中に、はっとするように曲線を取り入れるんだな」とか、「ドアノブがやたら独特」など、建築の素人でもアアルトらしさが少しずつ目に留まるようになります。このわかりやすさ、とっつきやすさはアアルトの魅力のひとつでしょう。そして同じような意匠でも、スケール感や収め方によって空間が変わります。実際に訪れると、それを体感できるのがおもしろいのです。

同じ住宅建築といっても贅沢に敷地を使い、潤沢な資金のもと独創的なアイデアが存分に取り入れられたマイレア邸と、質素ともいえる自邸を同じ旅で見比べることができたのはよかったのかもしれません。そして「どっちかもらえるなら、こっちがいい」と思うのは、自邸なのでした（またしても不遜ではありますが）。

アアルト自身が設計したソファや照明が、きゅっとコンパクトにまとめられたリビング、暖炉と格子で仕切られた2階の団らんスペース、階段の途中の踊り場に設けられた小さな書斎。マイレア邸の広々としたリビングや贅沢な図書室も魅力的でしたが「こんな部屋に住みたい」「いつか自分の家に取り入れたい」と思ったのは自邸なのでした。

なかでも心惹かれたのが、限りなくコンパクトに造られた玄関ホール。コート掛け用のスペースは一畳分もなく「うちの実家のコート掛けのほうが大きいのでは」と思うくらい。アアルトは社交的だったと聞くけれど、ホームパーティなんかで人がいっぱい来たら、この玄関でどう捌《さば》いていたのだろうか……などと余計な想像も浮かんできます。コート掛けには扉がなく、布で仕切っているのも「ああ、これ真似してみたい」と思ったアイデアです。使われていた布もアアルトのデザインで「素敵な布は、こうしてバーンと使ったらいいのね」と心にメモしました。

マイレア邸には、日本の障子を思わせる格子窓が印象的なサンルームがあって、蔦《つた》の絡まる窓辺の美しさには息をのむほど。一方の自邸では、ダイニングやリビングの窓辺には木製のプランターボックスが置かれていました。フィンランドの家でよく見る、窓の下の温水暖房を隠すように設置されたボックスはなんということもないデザインなのですが、こんふうにさりげなく緑とつき合いたいなあと思ったものです。

巨匠の自邸となれば、すさまじい美学と理想がこめられた美の壺に違いない、きっと美術品を鑑賞するような気分で訪れるもの。「素敵ねえ……」とため息をつくことはあっても、親しみを感じる場所ではなかろうとどこかで決めつけていたのですが、アアルトの自邸では「わー、うちでも、これやりたい」と無邪気に盛り上がり、あげくのはてには「これ、これでいいんだね！」とまたしても不遜な、しかしとても前向きな気持ちを持つことができたのです。

建築家が駆け出しの時期に自邸を手掛けて実験的な試みをして、そのアイデアを発展させていくことはよく聞く話ですが、アアルトも自邸で試みたアイデアを、時にはより洗練させてその後のプロジェクトに取り入れています。でもオリジナルとなる自邸の設《しつら》えが古びて見えることはなく、アアルトが巨匠となってからもこの家を慈しんで住み続けたところにも、じーんときてしまいます。

国の誇りであり、北欧デザインを代表する巨匠の家がこんなに質素でシンプルで、自分にとって身近に感じられる空間なのだ。そう感じた思いは、そのままフィンランドという国への好感度や信頼にもつながっていくのでした。

もちろんアアルトのシンプルさというのは、簡単に真似できるものではないことを、次第に思い知るのですけどね！

三人のアアルトと旅をする

「北欧のデザインが素晴らしいのは、デザイナー自身が生活者であり、その視点があるから」とは、60年代にデンマークで学んだ北欧デザインの伝導者、島崎信《しまざきまこと》先生の言葉。アアルトの自邸を訪れたときに感じたのが、まさにそれでした。

とくに印象に残っているのは、ダイニングとキッチンの間にある食器棚。どちらからも食器を取り出せるようになっていて、空間の仕切りとしても機能しています。「ああ、これは便利だ」と思うと同時に、こんな棚を作るとはアアルトも料理をする人だったのかしら、ちゃんと生活者だったのね、なんて想像も膨らんで勝手に親近感を感じていました。ところが、その食器棚を設計したのは妻のアイノ・アアルトだったと後にわかります。

アアルト、と聞いて思い浮かべるのはアルヴァ・アアルトの名前。でもアアルトらしいと思っていた多くのデザインが、じつは最初の妻アイノによるものだと理解したのは、コロナ禍で旅ができない時期でした。

アルヴァとアイノ、そして二番目の妻エリッサという三人のアアルトの人生を追う映画『AALTO／アアルト』を試写で観たのが、２０２０年。２０２１年には世田谷美術館で『アイノとアルヴァ　二人のアアルト』展が開かれています。展覧会の図録には、自邸のキッチンの設計図も載っていて、そこにはアイノのサインがありました。

アイノもまた優れた建築家である、と情報としては知っていたのですが、それでもアアルトの建築を見るときに頭に思い浮かべていたのはアルヴァのこと。アイノもエリッサも、どこかサポート的な存在と決めつけていた自分の見方を省みる機会を得て、ああ〝コロナ〟が収まったら、改めてアアルトの建築を見に行きたいなあ……と思っていました。

2023年、ひさしぶりに訪れたヘルシンキでは、自邸のすぐそばにあるスタジオを訪れることができました。自邸内にも仕事場があったのですが、いよいよ手狭になって建てられたのがスタジオです。1955年の竣工で、当時アルヴァは50代半ば、建築家として脂が乗り切っている時期。そして、最初の妻アイノはすでに他界していました。

モダニズムをフィンランド的に昇華させたような自邸のデザインとは対照的に、スタジオを特徴づけているのは、アルヴァが若い頃に旅をして感銘を受けたというイタリア建築の影響です。キャリアの晩年にさしかかって、いよいよ原点回帰をしたのでしょうか。

訪問時はちょうど、２０２２年に生誕１００周年を迎えたエリッサにまつわる展示もありました。自邸がアイノの存在を感じさせる場所である一方、スタジオは、アルヴァの死後も多くのプロジェクトを抱えて事務所を切り盛りしていたエリッサの息遣いを感じる場所。そういえばわたしが初めて訪れたアアルトの建築はアルヴァとエリッサがサマーハウスとして使っていた実験住宅でした。食卓に敷かれていたテーブルクロスが素敵だなあと忘れられず、後で同じ柄を購入したのですが、あれはエリッサのデザインなのでした。

アアルト財団のオフィスとしていまも現役で使われている製図室、イタリアの円形劇場を思わせる中庭、大きな窓と蔦の絡まる壁が印象的なアルヴァの仕事部屋も素敵だったのですが、玄関を入ってすぐ先にある食堂の居心地のよさが心に残りました。

タヴェルナ（イタリア語でバーまたはレストラン）と呼ばれていた食堂は、腰窓よりも高めの位置に作られた窓のせいか、半地下にいるような気分になります。この隠れ家感が心地よさの理由だろうけれど、あれだけ太陽の光を愛する北欧の人があえて半地下感のある空間を作るとは。アルヴァのイタリアへの強い憧れに触れた気がしました。

　奥に向かって狭くなる台形の部屋で、アルヴァがいつも座っていたという席はいちばん奥の狭い場所。部屋全体を見渡せる場所だからと好んでいたようですが、「適度に狭い場所ってなぜか心地がいいものだけれど、巨匠もそうでしたか」とまた勝手に親しみを感じてしまいました。そして食堂の手前には、キッチンと食堂の両側からアクセスできる、あのアイノの食器棚もありました。

　アイノ亡き後に作られたスタジオにも、こうしてアイノらしさが受け継がれていることに心を打たれつつも、自邸やマイレア邸で見たものと比べると、何か違和感がある。引き戸の把手《とって》のデザインがちょっと違う。だからなのか、収まりがもうひとつにも思える。やっぱりこの戸棚はアイノが空間に収めてこそなのかしら、などと生意気なことも思いながら三人のアアルトとの建築訪問を楽しみました。

　アルヴァとアイノ、そしてエリッサと会話しながらのアアルト建築めぐり。次はどこへ行きましょうか。

北欧インテリアの時間旅行

横から見ると扉側が斜めになっている吊り戸棚を初めて認識したのは『ぼくのエリ』というスウェーデン映画のなかでのこと。郊外の団地に暮らすいじめられっ子の少年が、新しく引っ越してきた子と仲良くなるうち、相手が普通の存在ではないことに気づく……そんなサスペンス要素もある物語で、シングルマザーの母親と暮らす少年の部屋からは、彼らが裕福ではなく社会から見放された存在であることが伺えました。それでもキッチンが使いやすそうで、斜めカットの棚がかわいいなあ……なんて思いながら見ていたのです。

斜め型の吊り戸棚が、スウェーデンでは１９４０年～50年代に流行したスタイルと知ったのは、ビンテージデザインの専門誌からでした。キッチンカウンターの上に取り付けられ、上から下にかけて奥行きが狭くなっています。棚の上のほうには大きめの皿、下のほうにはカップやグラスなどを入れるのでしょう。棚のいちばん下には把手がついた小さなガラスの引き出しが並んでいて、そこには調味料や小麦粉、豆などの乾物を入れるようになっています。レトロな食器やインテリアを好む人々のインテリア紹介で度々登場するその形が、当時特有のデザインだとわかり、いつか実物を見てみたいと思っていました。

斜め型吊り戸棚の実物をじっくりと見ることができたのは、ストックホルムにある北方民俗博物館でした。スウェーデンの伝統的な暮らしを紐解く、膨大な美術品や生活道具が展示されているなかで興味を惹いたのが１９４０年代の労働者の部屋の展示です。夫婦に子ども三人という家族構成の架空のヨハンソン一家が暮らす部屋は、１９４７年にストックホルム郊外で実際に建てられたアパートの間取りを再現したもの。当時の労働者にとって、理想的な住まいの形だったそうです。間取りはリビングとダイニングキッチン、寝室からなる２ＤＫ。日本でも戦後に2DKの間取りが普及していますが、当時の日本の2DKよりはだいぶゆとりがあるとはいえ、ヨハンソン家の寝室でも、日中はベッドを折り畳んでいると解説があり、妙に親近感を覚えます。布団を上げ下げするかのごとく、スウェーデンでも日々ベッドを畳んで暮らしていたとは（当時の労働者階級のベッドは折畳式がよく見られたそうです）。

調度品もそれほど多くはなく慎ましやかな雰囲気ですが、リビングにうやうやしく置かれたラジオとソファセットの組み合わせには、戦後のモダンな暮らしへの憧れが見てとれました。一方で、「まだテレビの前の時代なんだな」とも気づかされます。

北欧インテリアというとアアルトやヤコブセン、ウェグナーといった巨匠デザイナーによる美しい椅子や家具を思い浮かべてしまいますが、この部屋にはそうしたものはありません。言ってみれば、まだ北欧デザインが名声を得る前の住まい。名作椅子や照明はないけれど、それでも造りのよさそうな木製椅子、控えめな花模様の壁紙、レースの敷物やアールデコの雰囲気を残す照明に彩られた部屋からは、日常の暮らしを美しくしようとする心意気が感じられました。

さて、ヨハンソン一家のキッチンで改めて斜め型吊り戸棚を見て気づいたのですが、扉が引き戸なのでした。たしかに冷静に考えれば、斜めの開き戸は不可能です。引き戸の棚なんて日本みたいだなあと思いながら、そういえばフィンランドで見たアアルトの家でも、引き戸が使われていたことを思い出しました。あれは日本の影響だといわれているけれど、もしやここにも日本の影響が……？

実際に棚の前に立ってみると、ちょうど頭の高さの奥行きが浅いので、作業がしやすい、はず。開き戸のように開閉の際に空間を使わないのも、限られたスペースを考えてのことなのでしょう。

キッチンには五人家族には小さく思えるダイニングテーブルが置かれ、その横には長女が寝るときに広げて使うという木製のソファベッドがありました。広くはないけれど、贅沢ではないけれど、機能的なキッチン。誰にでも手が届くようにと考えられた、暮らしやすい住まい。斜め型の吊り戸棚は、健康で文化的なスウェーデンの住まいの象徴のように思えて、そこに日本的なアイデアが入っているのが不思議でもあり、嬉しくも感じました。

ヨハンソン一家のキッチンを見て、もうひとつの北欧映画を思い出しました。ノルウェーとスウェーデンの文化や言葉の違いをユーモラスに描いた『キッチン・ストーリー』です。タイトルにあるとおり、物語の背景には北欧のキッチンをめぐる社会の試みがありました。家事効率協会なる機関から派遣されたスウェーデン人の調査員が、ノルウェーの農村部に暮らすひとり暮らしの男性の家を訪れて、日がな一日、彼の日常を観察することから交流が生まれるのですが、この調査員を派遣した「家庭研究所」はスウェーデンに実在した機関。1944年に設立され、システムキッチンの元となる規格を作っているのです。

映画を観ていたときはひたすら二人の交流に笑ったり、はらはらしていましたが、ああして日々の動線や動作、使う人の体格をきちんと観察して、この使いやすそうなキッチンが生まれたのかしらん……と、北欧インテリアの時間旅行をしている気分になりました。

健康で文化的な最低限度の家

ヨハンソン一家の展示をきっかけに、「北欧インテリアができあがっていく時代の暮らしをもっとのぞきたい」と思ったわたしは、ノルウェーの首都オスロでも民俗博物館を訪れました。ここもまた広大な敷地にノルウェー全土から集められた150以上の家屋が展示され、しっかり見てまわるには一日では足りません。見学したのは、1960年代の「普通」の家族、ダール一家が暮らしていたという部屋。

ダール家もヨハンソン家と同じく架空の家族で、展示されているインテリアは当時の労働者階級の住まいを参考に再現されています。リビングはおしゃれなチークの家具で統一され、そのなかにはテレビもありました。寝室にはダブルベッドとドレッサー。ティーンエイジャーの息子は狭いながらも自分の部屋を持っていて、ヨハンソン家の長女が寝ていたのとはまったく違う、モダンなソファベッドが置いてあり、ギターとレコードプレーヤーが目を引きました。

ヨハンソン家よりだいぶ時代が進んだことを感じさせるダール家ですが、キッチンにはあの斜めの吊り戸棚がありました。ダール家のキッチンも広さはありませんが、動線が考えられた使いやすそうな配置。ヨハンソン家と違うのはキッチンに色があふれていること。鍋や食器はもちろんのこと、壁は黄色、食器棚は水色で、椅子やカーテンは赤。時代を反映した色がそこかしこに使われていました。

デンマークの首都コペンハーゲンの町なかにある労働者博物館は、先にあげた二つの博物館に比べると、だいぶこぢんまりとしていますが、ここでも市井の人々の暮らしをのぞくことができます。１９３０年〜50年代の都市労働者の暮らしを紹介する館内は、労働運動の歴史や当時の貧しさにもスポットを当てているだけあって暗さを伴っているのですが、それだけに50年代に普及したという明るいリビングの展示がまぶしく見えました。ダール家と同じくチークの家具をはじめ、幾何学デザインのカラフルなカーテンや壁飾りで彩られた部屋を見て、普通の人々がこんな暮らしをできるようになるなんて、なんと豊かな時代だろうと追体験ができました。

そして、この博物館でも斜めの吊り戸棚に出会います。それは普通の人々が明るい暮らしを手にする前の、30年代のアパートの展示でした。鍋も洗えなさそうな小さな流しだけがあるキッチン台の手前に、ヨハンソン家やダール家よりもずっと小さな斜め棚があったのです。流しの上ではなく手前の壁に取り付けられ、流しの上には洗濯物が干してありました。床にはおもちゃや子ども用の椅子が置いてあり、ここで遊んで食事もしていたことが想像できました。

ストックホルムで見たヨハンソン家の住まいができあがるほんの一世代前には、普通の人々の住まいがこんなに狭くて暗かったことに軽いショックを受けました。あの棚は豊かな暮らしの象徴のように見えたけれど、棚だけあっても意味はない。インテリアというのは個人的なもののようでいて、時代を反映するもの。健康で文化的な家とは政治の延長にあるものなのだと気づかされました。

それにしても、あの斜めのアイデアはいったいいつ頃から出てきたのだろうな〜と頭の隅に置いたまま過ごしていたある日、ヒントにたどり着きました。アアルトの書籍で、１９３９年に竣工したマイレア邸のキッチンにも斜めラインのオープンシェルフが採用されていたことがわかったのです。

フィンランド人女性の体格をもとに、座ったままでも作業がしやすく手が届くようにと設計された棚は、アイノ・アアルトによるもの。映画『キッチン・ストーリー』で描かれていたような試みに、アイノは一時代前に取り組んでいたようです。

じつはわが家でもキッチンの棚を取り替える際、オーダーメイドで斜め案を実現できないか聞いてみたのです。が、家具職人さんいわく「斜めの扉なんてぜったいに開かなくなるからやめたほうがいい」とのこと。うーん、たしかに。角度のついた引き戸は、湿気の国にはハードルが高すぎるのでしょう。北欧の住まいで活用されていた、日本発祥かもしれない引き戸、日本では実現できず……。

それでもあきらめきれず、棚のいちばん下の段を扉のないオープンシェルフにして、そこだけ斜めにカットするという折衷案が生まれました。これが、いい。わが家はヨハンソン家やダール家よりも幅が狭い、細長いキッチンなのですが、棚の奥行きがほんの5センチ、浅くなるだけで圧迫感が減ります。北欧経由の豊かな暮らしのアイデアは、こうしてわが家にもやってきました。

図書館は何をする場所？

初めて訪れた北欧の図書館は、ストックホルムの市立図書館でした。スウェーデンが誇る建築家、グンナル・アスプルンドが設計した円筒形のホールが特徴的な市立図書館は、デザインや建築好きの聖地。小さな入り口から上を見上げるように館内へ入った瞬間、曲線を描く書架が目の前に広がって、美しく静かな空間に息をのみました。「ばえる」とは、まさにこのこと。

日本語で「ストックホルム市立図書館」とインターネットで検索ワードを入れると「建築」「設計者」「写真」と関連ワード候補がぞくぞくでてきます。いったいどれだけの建築を愛する日本人が訪れたのでしょうか。

画像検索をすると、自分が撮影したのと同じような角度の写真がたくさんでできます。ああ、みなさんやっぱりそこで撮りますよね。そこだと全部入りませんよね。広角レンズでないと無理ですよね。そんな写真がぞくぞくでてきます。

最近、訪れたなかで圧倒的な存在感を見せたのは、ヘルシンキの中央図書館オーディです。独立100周年の記念に、国から国民への贈り物として開館した図書館は上階がガラス張りで波打ち、宇宙に飛び立ちそうな外観。館内に入ると、図書室のほかに、3Dプリンタやレーザーカッター、ミシンなどを揃えた工房や、ギターがずらりと並んだ音楽スタジオ、キッチンまであって、市民なら無料で借りられるというのがすごい。

「オーディでもっともよく借りられるもののランキングに、何が入っていたと思う？　工具だよ！　図書館なのにね」とヘルシンキ在住の友人が笑いながら話していましたが、完全に図書館の枠を超えています。

書架のある最上階は、四方がガラス面で見事な眺望が楽しめて、その先には国会議事堂が見えます。「政治と学びは、同じ視線にあるべき」という設計コンセプトを聞いて、もう唸るしかありません。

いまでこそ、町を訪れると有名無名にかかわらず図書館をのぞく癖のついたわたしですが、以前はいわゆる「普通の」図書館には興味を持っていませんでした。図書館に行ったところでその国の言葉の本が読めるわけでなし、図書館で提供されるサービスは旅行者ではなく地元の人向けでしょうし、と思っていたのです。いいえ、それは間違いでした。図書館は、旅行者にとっても楽しい！

図書館が楽しい、と気づかせてくれたのはルンドの図書館でした。スウェーデン南西部に位置する大学の町ルンドは、あてどなく散策するのが楽しい町です。スウェーデンで二番目に古い大学があり、街に暮らす人の多くが学生や大学関係者ということもあるのでしょうか、コペンハーゲンやストックホルムのような商業で栄える都市とは違って、ゆったりとした時間が流れています（学生向けの安いランチ処もあったりします）。

海の向こうのコペンハーゲンから、電車なら40分ほど。「そうだルンド行こう！」と思いついて行けるくらいの距離なのもいい。

その日もコペンハーゲン滞在中にたまたまぽっかりと予定が空いたので、そうだルンドにコーヒーを飲みに行こう！　と訪れたのでした。何しろ思いつきで訪れたので、コーヒーを飲んだ後はただもう町をぶらぶらするばかり。ショウウィンドウのかわいい店に誘われるがまま入り、「なんかよさそう」と思った小道をのぞき……そうしてふらふらと歩いてたどり着いたのが、ルンド図書館でした。この町らしい、大きすぎない図書館で、じつはちょっと歩き疲れていたので休めたらいいなという下心もあり、吸い込まれるように入っていきました。

館内に入って、いきなり目に飛び込んできたのが、ホールにひしめくセブンチェア。あのヤコブセンの名作チェアが、イケアのスツール並みに気軽にずら〜っと置いてあるではないですか。いいなあ、読み聞かせとか著者のお話し会なんかがあったら、もれなくセブンチェアに座れるのですか。

さらに奥に進むと書架の前にもおしゃれチェアが置いてあります。なんと！　わたしの敬愛するプロダクトデザイナー、フィンランドの石原裕次郎ことエーロ・アールニオ御大がデザインしたダブルバブルランプも置いてありました。しかも、ショールーム以外では滅多に見たことのない大きなサイズ！　よく見たら書架の上にも小さなダブルバブルバブルランプがずらずらと置いてあります。斬新すぎる！

大ダブルバブルランプのそばにあるのはデンマークのロイヤルファミリーも愛用するというラウンジソファではありませんか。ああ、わたしもそこに腰掛けたい。その空間でわたしも読書に耽りたい。アールニオの照明でわたしも読書がしたいよう……と席が空くのをじっと待ってみましたが、ついに空きませんでした。


さらに探索を続けると、スワンチェアのコーナーもありました。上質なホテルのロビーなどでおなじみのヤコブセンのスワンチェア、それも5～6脚ほどが、やはりずらずらと置いてあります。手前にはセブンチェアのハイスツール版がテーブルをぐるりと囲んでいます。もはやヤコブセン祭りです。テーブル席に腰掛けたみなさんは、パソコンや読書に耽っています。いいなあ、ルンドの学生はこんなところで試験勉強や夏休みの宿題をするのでしょうか。いや、スウェーデンでは日本のような夏休みの宿題はないんでしたっけ。

スワンチェアの奥には、ザ・モダニズム建築と言いたくなる大きな四角いガラス窓が見え、裏手に広がる公園の緑が目に入る特等席です。こんなの、ホテルのラウンジ級に贅沢な読書スペースではないですか。うらやましいぞ、ルンド市民。モダンといっても、ところどころに木材やクラシックな照明が使われていて、クールすぎないのがまた居心地がよい。

そこで気づいたのです。もしや図書館というのは、北欧デザインを堪能できる穴場ではないのか？　と。

「よいデザインが生まれ、それが暮らしに根づいている」とは、北欧の社会を表現するときによく使われる言い回しですが、まさに図書館はそういう場所だったのです。ふと見まわせば、図書館へのご意見ボックスや、環境関連の本を集めたカーゴバイクなど、利用者の気を引くちょっとした仕掛けも、いちいちわかりやすく、よいデザイン。北欧の子どもたちは本の知識とともに、パブリックスペースのデザインやあり方も図書館で身につけるのかしら。ああ、うらやましい。

地域を結ぶ図書館の存在

ルンドからさらに北上した港町ヘルシンボリでも、図書館のあり方を考えさせられました。ヘルシンボリは、対岸にあるデンマークの港町ヘルシンゴアまでわずか4キロ。間を行き来するフェリーに乗れば15分ほどで着いてしまう近さで、なんなら泳いで渡れるのでは？　と思う距離です。そしてヘルシンボリやルンドを含むスコーネとよばれる地域は、かつてはデンマーク領だったこともあり、建築様式にもデンマークらしさを見ることができます。

ヘルシンボリに初めて滞在するにあたって、迷ったのが宿選びでした。何しろ日本語での情報はほとんどなく、町のどの辺りが栄えているかもよくわからない。結局、町の南側にある大手ホテルが並ぶうちのひとつを予約したのですが、実際に訪れてみて、町の南北で雰囲気ががらりと変わることに気づきました。

町の北側は旧市街で、カフェやブティック、洒落たホテルや歴史的建造物もある、観光客が散策しやすい雰囲気。古い建物が残された町並みは、あてどなくふらりと歩いても楽しいのです。

一方の南側は、大きなホテルの谷間にファストフードの店がある程度。夜に中央駅からホテルへたどり着いたときには「やっぱりもう少しお金を払ってでも北側に泊まるべきだったか……」と少し後悔したのです。

でも翌朝、明るい日差しのなかカフェを目指して北へ向かって歩くと、ホテルのすぐ裏に緑豊かな公園があったこと、そのなかにレンガ造りの図書館があることに気づきました。


入り口にあった「BIBLIOTEK（スウェーデン語で図書館）」のロゴにまず目を奪われました。70年代風のレコードショップやカフェ、カルチャー誌に使われそうな書体で、図書館にこの書体なんておもしろいなあと思ったのです。館内に入ってすぐの天井は低いのですが、続く吹き抜けの空間の開放感がすごい！　天井を見上げると、おそらく3階分ほどの高さがありました。

階段で2階に上がってみると、1階を見下ろすように配置された読書スペースや、細長いスリット窓からの採光、垂直と水平を強調する空間ながら天井や手摺り、柵に効果的に使われた木材で視覚的なやわらかさを生み出す空間づくり……と建築好きなら随所に目を奪われて充実のレポートができること間違いなし。

書架や読書スペースなどそれぞれの場所に合わせた照明使いも素晴らしいし、高い天井を活かして大きなタペストリーが吊るされているのがまた素敵でした。

帰って調べたら、地元ヘルシンボリ出身のテキスタイルアーティストによる作品とのこと。北欧の図書館では館内にアートピースを飾っていることがありますが、見事なテキスタイルアートにも会えるとは、ヘルシンボリ市立図書館バンザイ。


でも、この図書館の何がもっとも素晴らしいかといえば、立地です。おしゃれなショップや高級住宅街のある北側と、工場があり移民が多く暮らす町の南側とのちょうど間にあるのです。

図書館を建設する話が持ち上がったのが１９５０年代。図書館ができる前は、北と南では経済的にも文化的にも分断されていたそうで、市民の間で図書館の立地についても大きな議論が起こったそう。

もちろんいまでもその格差はあることが、旅行者であるわたしにも感じられましたが、ホテルから出かけるとき、また戻るとき、図書館の存在がどこかほっとさせてくれることを、身をもって感じました。ここは分断をつなぐ場所でもあるんだな、と。

設計を担当した建築家のヨルゲン・ミケルセンは「コーヒーを片手に本を読める図書館にしたい」と、フロアの中心にどーんとカフェの空間をとっています。北欧の図書館には小さくてもカフェを併設していることが多いのですが、どうやらヘルシンボリの図書館はその先駆けだったよう。カフェの天井は一部が天窓になっているので館内でもとくに明るく、開放感のある場所になっているのも印象的でした。ミケルセン氏は図書館を「人々が出会える場所」にしたかったそうですが、初めてのヘルシンボリで南側のホテルに滞在しなかったら、この図書館と出会うこともなかったかもしれません。

読書に没頭する人、勉強する人、音楽を聞いている人、寝ている人、おしゃべりしている人、子どもと過ごしている人。北欧の図書館にいる人々を見ていると、自分の部屋のようにくつろいでいるのがいいな、と思います。図書館とは、きっと市民にとって家のような場所でもあるのでしょう。

北欧の部屋に泊まってみる

宿泊場所をどこにするか。旅の計画で、悩む部分ですよね。便利な場所をとるか、値段をとるか。開拓したい場所にしてみるか、部屋の大きさ、駅に近いか……。

北欧を旅し始めた頃は、やはり交通の便のいい中央駅近くや繁華街のホテルを選びました。スカンディック、ノルディックホテルズ、ソコスといった北欧で知られるチェーン系は値段もそこまで高くないし、安心感があります。

北欧のユースホステルは激安とはいきませんが、清潔で安心感もあり、節約したいときは何度か利用しています。そして民泊。民泊の流行で宿泊先の選択肢がぐっと広がりました。

北欧で初めて民泊を利用したのは、友人とわたしと夫の三人でストックホルムを旅したとき。アパートの一室で、二段ベッドのある寝室のほかに、広いリビングには大きなソファベッドがありました。リビング横には小さいウォークインクローゼットもあって、連日のように蚤の市やセカンドハンド店を渡り歩いて買い集めた食器や雑貨を夜な夜なそこで広げては、お互いに見せっこしたのも楽しい思い出です。寝室にはクリスチャーノ・ロナウドのポスターが貼ってあり、とっさに「スウェーデン選手じゃないんだ……」と思ってしまいましたが、そりゃそうですよね。普通に人が住んでいる場所ですもの（わたしだって好きなサッカー選手はピルロとブッフォンですし）。

「他人《ひと》の部屋」に実際に泊まってみて困ったのは、窓にカーテンがないこと。泊まったのは5月中旬ですでに日が長く、朝4時頃には明るくなるのです。ホテルに泊まっていると遮光カーテンが使われていることが多く、気づかなかった点ですね。外から見る分には「北欧って、カーテンをかけない家が多いな、窓辺の飾りが見えてかわいいな」とのんきに思っていたわけですが、暮らすとなると「眠れない！」「着替えはどうする?!」と焦ります。……まあ、気にしないんでしょうけれど。

アパートが2棟に分かれていて、入り口を入っていったん中庭に出て、離れの棟に進むのですが、いちいち段差が多いので、陶器でぱんぱんになったスーツケースを持って移動するのはかなり大変でした。ホテルのように、チェックイン&アウトの前後に荷物を預かってもらえないのも、民泊で困るところでしょうか。

でも住宅街に泊まると、歩く道が変わるのはおもしろいですね。ローカルなカフェやショップを発見したり、ご近所さんらしき人についていって「あ、この建物の間は通れるんだな」と近道を見つけたり。住宅街そぞろ歩き大好き人間にはたまらない体験となりました。

そうそう、アパートの地下室には噂のアレもありました。スウェーデンのアパートや集合住宅では共用のランドリールームがあることが多く、事前に予約をして使うのが決まりなのです。日付と時間で区切られた予約用のボードに鍵のようなものを差し込んで予約するのですが、うっかり利用日時を間違えると、とてつもなく怒られる、のだそうです。泊まったアパートのボードにも「時間を守ること!!」と大きな貼り紙が。スウェーデン人は洗濯機の使い方にうるさいというのは本当だったのかと、ニヤニヤしてしまいました。

ヘルシンキで宿泊した1930年代のアパートもよい物件でした。友人の家や映画で観たことのあった旧式のエレベーターは、乗るときに外側の扉を手動で開けます。エレベーターのかご室側には扉がなく「入り口付近に荷物を置くとそれがひっかかって人を巻き込んで大変悲惨な事故になる」ことを示した図（イラスト自体はわりとかわいい）を見ては、怖い怖いと身の縮む思いをしたのですが、いまではだいぶ慣れて、昇る途中で各階のフロアが見えるのをおもしろがるくらいになりました。

部屋の扉を開けると、玄関の脇に小さなコート掛けがあって、すぐダイニングが目に入ります。テーブルにはイルマリ・タピオヴァーラの椅子があたりまえのように置かれ、朝日が差し込んでいて、その時点で100点満点の90点をあげたい。L字型のコンパクトなキッチンには食器洗浄機のほか、洗濯乾燥機もビルトインで入っていて、しばらく下宿したーい、と思う部屋でした。

縦長のリビングの奥にベッドが置いてあり、突き当たりは窓。窓から見えるのは隣のアパートの屋根や窓、中庭。こうした住宅街ならではの、窓からの眺めが好きなんですよね。民泊に泊まってこその楽しみです。

さてこのアパートの部屋はかなり好みだったのですが、誤算だったのはシャワーです。前情報では「トイレとシャワーあり」となっていたのですが、かろうじて便器が置けるほどの幅しかない狭いトイレに、無理やり便器の向かいにシャワーが取り付けられているという有り様。いやあ、狭いバスルームには慣れっこですが、これはさすがに。便器に腰掛けたら、壁に膝がつきそうなのですが……。ここでシャワー浴びるか？　いや、わたしでさえそうなのだから北欧の高身長組はどうするのよ⁉

ここでシャワーを浴びたら、どんなに努力しても便器がびしょびしょになります。いくら乾燥していて乾きの早い北欧とはいえ、後始末が大変すぎると、使うのはあきらめて「公衆サウナでも行くか！」と決めました。こういうとき、サウナの国はいいですね。

部屋に洗濯乾燥機もあるから水着も脱水できるしよかったね、と思っていたところ、洗濯機が壊れていました。何をどうやっても扉が開かず、せっかくのヘルシンキの夜に1時間くらい洗濯機の機種名で検索をかけて右往左往したあげく、結局あきらめたのですけれど。

ガムラスタンに暮らす

スウェーデンの首都は水の都、ストックホルム。北欧のヴェニスともよばれるこの街いちばんの観光地といえばガムラスタン。そう、あの『魔女の宅急便』の舞台としても知られる、中世の町並みを残す旧市街です。ストックホルムに来たら誰もが訪れる場所であり、わたしも初めてのストックホルムで訪れました。でも最初はあまり好きになれませんでした。観光客向けのおみやげ屋さんや、同じく観光客しか利用しないようなレストランが多すぎて、うんざりしてしまったのです(自分だって観光客なんですけどね)。

なんだか苦手と刷り込みができてしまって、数年の間はスルーしていたガムラスタンですが、人通りの多い地下鉄駅から離れた東側の区域がおもしろそう、と気づいてからは散策するようになりました。

名物店主のいるビンテージショップを訪ね、その店主に教えてもらったカフェに行き……と好きな場所が少しずつ増えていくなかで、とくに気に入ったのが「栗の木の下」と名づけられたカフェレストランでした。

店の前には大きな栗の木があり、木の下にはベンチがあって、コーヒーを片手にひと息つかずにはいられないような雰囲気。ガムラスタンの真ん中に、こんなオアシスのような場所があるんだなと驚いたものです。

コロナ禍後のひさしぶりのストックホルム訪問で宿泊場所を探していたときに、栗の木の下カフェの上階がユースホステルになっていると知りました。ガムラスタンに宿泊。その発想はありませんでした。あんな観光の中心地、値段が高いに決まっているし、そもそも予約もとれないはず。もともと北欧の都市の中でもとくに宿泊費が高いストックホルム、昨今はホテル代もさらに上がっているし、ガムラスタンなんておそれ多いわ……と候補地から真っ先に外していたのです。

でもユースホステルとなれば俄然、手の届く値段。北欧のユースホステルは清潔なところが多いし、あの好立地で、いままで見上げていた栗の木を見下ろせる場所に泊まるなんて楽しそう！　ユースホステルの宿泊なんてひさしぶりだけれど、そのうち億劫《おっくう》でできなくなるかもしれない、泊まってみるならいまでしょ！　……と頭のなかを瞬時にさまざまな思いが駆け巡ったあげく、予約してみることに。

ユースホステルのよいところといえば、共用のキッチンがあるところ。といっても忙しい旅の途中で本格的に調理するわけではないのですが、スーパーマーケットで買った冷凍食品や市場で買った惣菜をあたため直すとか、そんな程度でも電子レンジや調理器具があるととても便利。こうした地元の味って、ホテル滞在だとなかなか触れる機会がないのです。お財布にもやさしいですしね。

唯一にして最大の気がかりは騒音です。若い人が多いと夜遅くまでワイワイにぎやかになりがちですし、旅の醍醐味は人との交流！　といった風情のバックパッカーが多いホテルにかつて泊まって、夜通し廊下でワイワイとやられて眠れなーい！　という経験をしたこともありました。それでも、まあ、今回の滞在はそこまでハードスケジュールでもないから、ひとつガムラスタン滞在を楽しんでみよう！と、栗の木の建物に泊まりたい気持ちが勝ちました。

大きな栗の木の上で

ホステルの名前は「栗の木」。入っているのは建物の3階で、ほかの階は普通の住居やオフィスとなっている模様です。宿泊当日、エレベーターで上階へ昇る間は「どんなだろうか……」とドキドキしましたが、扉が開いて目の前に見えたホステルのフロントは、大きな窓から光がたっぷりと差し込んでなんとも気持ちよい空間に見えました。古い建物って、中に入った瞬間に何か察知するというか、じめじめと暗さを感じることもありますが、これは当たりかも！　との直感に間違いはありませんでした。「宿泊の方ですね？」と対応してくれた女性の感じもよく、てきぱきと部屋の使い方やルールについて説明してくれたのにもほっとしました。

鍵をもらって部屋の扉を開けてまず目に入ったのが、窓からの景色。先程、フロントで見たのと同じく光がたっぷりと差し込み、向かいの建物の窓が見えました。窓辺から顔を出して左右を見渡すと、あの大きな栗の木も見えます。向かいの窓には時折人影が見えます。地上を歩いていると、どうしてもおみやげ屋さんなど商業施設ばかりが目につきますが、上の階から見ると、ここは人が暮らす場所でもあるんだよな、と気づきます。ガムラスタンの象徴ともいえる屋根から突き出た屋根窓が連なっている様子も、地上からより近くに見えるのがあたりまえとはいえ不思議な感じでした。

部屋には北欧名物の妙に細くてコンパクトなシングルベッドが2台。これ、いつも不思議に思うのですが、北欧の人々は平均身長も高いのにどうしてユースホステルのベッドはこんなに小さいのだろう？　そりゃあ部屋が狭いから仕方がないのだろうけれど、足がはみ出たりしないのでしょうか。映画のなかでも、やっぱり小さなベッドで、大男が足を折り畳んで寝ているシーンを観たことがありますが、ベッドを大きくする発想は……ないんでしょうね。

その夜は外で軽く食事をすませ、スーパーで買った朝食用のヨーグルトやジュースを冷蔵庫に入れようとキッチンに立ち寄ると、やたらいいにおいがします。調理中の二人と軽く挨拶をすると「僕はマルチェロで、彼がエンリコ」と自己紹介されたので思わず「イタリアからですか？」と反応してしまいました。「ええ、わかる？」と笑われましたが、だってその名前といい、ズッキーニをオリーブオイルで炒めているだけで、そんなにおいしそうにできるなんて、ねえ。

「ストックホルムは初めて？」と聞かれて、ライターをしていること、じつはこの町のガイドブックを作ったこともあると答えると、こう尋ねられました。

「えー！　すごい。僕たち、明日は半日しか時間がないんだけど、お金もない僕たちがスウェーデンらしさを感じられるところってどこかな？　おすすめを教えて！」

さて、半日でまわるストックホルム。あなたたなら、どうする。お金がないならショッピングは、はい消えた。市場やカフェめぐりも楽しいけれど、グルメの国、エスプレッソの国の人にはピンとこないかもねえ……。そもそも外食はお金がかかるし。建築好きなら市立図書館もいいけれど、スウェーデンらしさ、いまの時期のストックホルムを満喫するなら……と、ユールゴーデン島をおすすめすることに。

「歩いても行けるし、トラムに乗るのもいいよ。自然がきれいだから、ただ散策するだけでも楽しいし、途中に美術館もたくさんあるよ。民俗博物館、建物園みたいなところ、アバ・ミュージアムもあるし、ちょっと奥のほうになるけど、もともと王室の庭だったローゼンダールガーデンも素敵。バラとかりんご園とか、カフェもあるし、いまの時期なら最高だと思う。おみやげを買うならスカンセンのショップがおすすめよ。あー、自転車やキックボードでまわるのもいいよ……」と早口のオタクのように話してしまいました。

こういう会話、楽しいなあ。ひさしぶりだなあ。コロナ禍で旅自体がひさしぶりだったというのもあるけれど、旅で偶然、一緒になった人とする会話って楽しいなあとしみじみ感じていました。

さて懸案の騒音について。夜11時以降は共用スペースの利用やおしゃべりを控えるというルールが徹底されていたので、とても静かで快適でした。フロントにいた女性たちのキビキビとした対応を見る限り「しっかり目が行き届いていそう」「ルール違反はビシッと取り締まってくれそう」と感じましたが、きっとそうしたくなる雰囲気なのでしょう。

　翌朝、早くに目が覚めたので、ひと口、水かジュースでも飲もうかなとそろーりとキッチンへ向かうと、やっぱり思ったとおり。誰もいないキッチンで、早朝の窓からの眺めを独り占めできました。

　道を見下ろすと人通りがなく、向かいの窓辺にもまだ人の気配はありません。「いまのうちに写真、撮っておこう」と顔も洗っていないのに部屋にスマホをとりに戻って、写真を撮るわたし。それからゆっくりと、窓辺に置いてあったスツールに腰掛けて、朝の時間を味わいました。

　キッチン奥の窓辺のスペースは、流しやコンロの前で作業する人を邪魔しない造りになっていて、ここで腰掛けながらじゃがいもの皮をむいたりするのかしら、と想像。スツールは踏み台にもなるステップのある形で、座面にはスヴェンスクテンの有名な柄が貼ってあります。スヴェンスクテンといえば、スウェーデン人も憧れるテキスタイルブランド。日本のスウェーデン大使館公邸でも、このブランドの布や家具が贅沢にあしらわれているんです。ユースホステルで使われている家具はたいていイケアだろうと思っていましたが、こうして突然スヴェンスクテンが出てくるんだもんねえ。本当にインテリア偏差値の高いこと……と、脱帽しながら、ガムラスタンの朝を堪能したのでした。

最後にガムラスタンに宿泊するにあたって気をつけたいこと。大きなスーツケースでゴロゴロと移動するのは、はっきりいって大変です。バックパックなどで身軽に移動できる場合はいいのですが、荷物が多いときは、宿泊する分だけの着替えや身のまわりの品だけをまとめて、スーツケースは中央駅や荷物預かり所に預けるのがいいかもしれません。

そこまでする？　と思われるかもしれませんが（わたしも最初は面倒だなあ……と思いました）、でもあのキッチンでのひとときや、ガムラスタンを上から眺める「自分の部屋」を持つためなら、またそうしてもいいなあと思うのでした。

窓がいい

初めて北欧を旅したのは２００５年のこと。当時の写真を見ると、デジカメの性能はいまほどよくないし、そもそも写真も撮り慣れていないしで、いったい何が撮りたかったのだ？　と思う写真も多いのですが、窓の写真が結構あります。そう、初めての旅のときからわたしは窓や扉ばっかり撮っています。

たとえば、ストックホルムのアパートの窓。コペンハーゲンの半地下の窓。オスロの古い木造住宅が残る地域でのカラフルな窓たち。

ピンボケだったり、もうちょっと気の利いたアングルで撮ればよかったのにと思う反面、よくぞ撮ってたねとも思います。ええ、わたしは北欧の家の窓が好き。

壁色と窓枠との色のコントラストがおもしろい。窓の上半分だけにちらりとかかったレースがかわいい。光を浴びてキラキラ光るガラスの飾りが素敵。窓辺にデンマークの兵隊がいる……と窓辺の見学は飽きません。

クリスマス時期になると北欧名物の星形の照明が窓という窓に飾られ、アイスランドの窓辺には13人ものサンタクロースが飾られていました（アイスランドのサンタクロースは13人いて、12月12日から一人ずつ山から降りてくることになっているんです）。

ストックホルムで、港にほど近い通りを歩いていたときのこと。古い建物と街路樹のコントラストが美しいなあと町並みを眺めながら「あ、あのセブン-イレブン、なんかかっこいいわ」と撮った写真があります。

帰国してから改めて、セブン-イレブンなのになぜかっこいいのか？　入っている建物がかっこいいのか？　と写真を確認してみたところ、レンガ造りの古い建物もたしかに素敵なのですが、扉がいい。年季の入った木製扉で、上が半円アーチになっていてセブン-イレブンのロゴ入りシェードがかかっている。このコントラストの絶妙さよ。

滞在していたホテル近くにあったセブン-イレブンも、やはり木製の窓と扉でいい味を出していました。セブン-イレブンすらかっこいい町、ストックホルム。窓と扉って大事なんだなあと、そのときに開眼しました。そして建物は真似できなくても、窓なら真似できるのではなかろうか。自分で家を建てる機会があったら、窓にはぜったいこだわりたいなあと思うのでした。

ちなみに北欧の国々では、セブン-イレブンが町のあちこちにあります。電車やバスのチケットも買えるし、ホットドッグや、シナモンロールとコーヒーのセットなどちょっとした軽食が安くて、食費節約にも役立ちます。時間がないときに小さなチョコレートやお菓子、雑誌などおみやげの買い出しにも使えます。なお、24時間営業ではありません。

灯りの町を歩く

旅をすると、よく灯りの写真を撮っています。窓の写真も多いけれど、灯りも多い。食卓の照明や窓辺の灯り。カフェの照明、薄暗くなってきた町にともる外灯の写真。

クリスマスには家の窓という窓に星形の照明がともって、町なかの通りや駅にも星型の巨大な照明が吊るされます。コペンハーゲンの通りでは、やはりクリスマスのモチーフである赤いハートの電飾がたくさん飾られていました。築数百年の古い建物も多く、重厚さを感じさせる大人っぽい表情の町並みに、ころんとした真っ赤な灯りがともるのがミスマッチなようでいてかわいいなあと思ったもの。

北欧はどの国を訪れても、灯りづかいが上手だなと思いますが、なかでもコペンハーゲンの灯りの美しさは格別です。何しろここは、近代照明の父といわれるデザイナー、ポール・ヘニングセンを生んだ町。窓から見える各家庭の食卓の上に、外灯に、カフェに、博物館に、ヘニングセンの灯りがともっています。彼が残した美しい灯りの考え方は、この町の家から公共建築まであらゆる場所に浸透しています。

ヘニングセンのデザインを形にして、数多くの名作照明を生み出してきたルイス・ポールセン社には、カラフルな家が建ち並ぶニューハウンの名前がつけられた照明や、コペンハーゲン郊外の町、アルバスルンの名前がつけられた外灯があります。ニューハウンは、古い町並みに合う照明のコンペで選ばれたデザインで、アルバスルンは住宅開発プロジェクトのために作られた照明。どちらも、町と灯りはつながっている、と思い出させてくれる外灯です。

いまでは日本でもさまざまな北欧の照明を選べるようになりましたが、町の灯りはやっぱり現地に行かないと見られません。博物館やショールームへ行かなくても美しい灯りの形に会える町、コペンハーゲン。暗くなりつつある町に灯りが浮かび上がっていく様子は、コペンハーゲンが誇る財産だと思います。

15世紀に設立され、デンマークでもっとも古い歴史を持つコペンハーゲン大学に勤める友人が、学内を案内してくれたことがありました。エントランスから廊下、会議室、職員の机、食堂まで、覗く部屋どこにでも美しい照明がともっていたのには感激してしまいました。

とくに長い廊下に点々と、ルイス・ポールセンやレ・クリントの照明がいくつも贅沢に使われていたのには驚きました。日本でもホテルのラウンジなど、よそゆきの場には素敵な灯りがともっているのをよく見るけれど、こんなふうに職場の灯りが美しいっていい

なあ、と。
友人が「こんな場所もあるよ」と見せてくれたのは、かつては学生をおしおきで閉じ込めたという半地下の部屋。現在はミーティングルームとして使われているそうで照明完備でしたが、昔は「この窓からの光だけを頼りに夜を過ごしたみたいだよ」と、壁の上のほうにある、明かりとりの小さな窓を指差しながら教えてくれました。いやあ、いったい何をしでかすと、そんなところに閉じ込められるんでしょうね。

コペンハーゲンでもっとも人気の観光スポットといえば、世界中から観光客が訪れる遊園地、チボリ。アンデルセンも立ち寄っていたと伝わる歴史ある場所で、絶叫マシーンとアンデルセンは結びつきませんが、レトロな灯りに照らされた園内をそぞろ歩くと、アンデルセンの時代につながるような感覚を覚えます。そんな夢の国チボリの照明を、ポール・ヘニングセンが手掛けていたと知って、それは美しいわけだと合点がいきました。アンデルセンとヘニングセン、二人の天才が時代を超えて交わる場所でもあるわけですね。

コペンハーゲンで蚤の市をのぞくと、有名無名さまざまな照明が売られています。ひとり暮らしを始めるとか、新居で暮らし始めるときに、この町の住人だったら、思うぞんぶん灯りを楽しめるんだなあと、心底うらやましくなります。実際、わたしもスタンドやデスクライトは買って帰ったことがあるのですけどね。ええ、じつは外灯も一つ手に入れたことがあります。

コペンハーゲンの街角で何度も見た3枚のシェードが重なる外灯は「一つ700クローネ、二つで1000クローネでいいよ」と言われて、迷った迷った迷った。だってそんなに安いなんて！　でも二つも持って帰れないし！　迷ったあげく一つだけにしたのですが、なんとか二つ持って帰ってきてもよかったかなあと、わが家の軒先に取り付けた外灯を見ながら、いまも思い出します。

第3章

北欧を食べる

シナモンロールで朝食を

旅の途中に、ふと思うことがあります。

「シナモンロールは、どう食べるのが最高か」

旅に出る前はあんなに「シナモンロール、食べるぞ〜」とはりきっていたくせに、いざ町を歩けば「いま食べたら夕飯が食べられなくなる。今日はあのレストランに行く日だし」と言い訳をし、「通りかかった店のドーナツがあまりにもおいしそうだったから」と誘惑に負けて、「残念だけどいまは無理！」となってしまうこと、多々。

なにしろこちらのシナモンロールは大きくて、人の顔ほど大きいのもある（顔がどのくらい隠れるか、ぜひあててみてください)。だからちょっと気軽に、とつまめないのです。

シナモンロールを食べるときは、たいていブラックコーヒーを飲みます。パンをかじったときの、じゃりっとしたシナモンシュガーの食感と風味に合うのは、やっぱりコーヒー。紅茶では負けてしまう気がするし、かといってカフェラテにすると、パン生地の風味やスパイスの香りに集中できない。

シナモンロールというと、シナモンが肝のように思われますが、北欧の菓子パンの鍵を握るのはカルダモンです。こちらの菓子パンには、つぶつぶ粗挽きのカルダモンが入っていて、いい仕事をしています。そして、カルダモンの香りとブラックコーヒーとの相性がすごくいいのです。

コロナ禍を過ぎて、ひさしぶりに訪れたヘルシンキで、これはかなり最高のシチュエーションでは?　と思えるシナモンロール体験をしました。民泊を利用して、古いアパートに泊まったときのこと。

アパートは、町の南側のプナブオリとよばれる地区にありました。いつも人でにぎわっている中央駅周辺や、ホテルが並ぶ大通りと違って、人通りもまばらな住宅街です。でも案外と店や飲食店もあり、地元の人が中古品を売りに来る店や、一風変わった雑貨を売る店なんかもあって、そぞろ歩くのも楽しい地域です。そしてアパートから1ブロック行った角には、人気ベーカリーの1号店がありました。

早朝に近くのベーカリーに立ち寄って、焼きたてのパンを買い、「わたしの部屋」に戻って食べる。これを、やってみたかった。

角のベーカリーではコーヒーもだしていて、店内には小さなイートインコーナーもあります。街歩きの途中だったら「店内で食べられて便利！」となるところ、いまのわたしには戻る部屋がある……ふっふっふ。と、ほんの少しの優越感を感じながら、大きなシナモンロールをひとつ、それから淹れたてのコーヒーをテイクアウトして、駆け足でアパートへ戻りました。

アパートのエレベーターは古い建物でよく見る旧式で、手前のスライドドアを手動で横に引き寄せてから、中に乗り込みます。片手にコーヒー、もう片方の手には

シナモンロール。ひと呼吸してから袋入りのシナモンロールを口にくわえて、片手でスライドドアをなんとか引き寄せて乗り込みました。「手荷物があるときって、みんなどうしてるんだろう。コツとかあるんだろうか」などとぼんやり考えながら、滞在していた3階へ上がりました。

部屋に戻って、そわそわと袋からだしたシナモンロールはまだ温かく、コーヒーも熱々。これぞ暮らすような旅……いやいや、シナモンロールをこんなにもありがたがって食べるフィンランド人なんていないよね、地元の人はこんなに大きな菓子パンを朝から食べたりするのかしらね、などと自分につっこみながら、かぶりつきます。これこれ、これです。わたしがやってみたかった、シナモンロールの食べ方。

おなかもぺこぺこだし、まだ朝も早いから、ひとつ全部を食べきってしまってもランチタイムまでにはちゃんとおなかがすくでしょう。キッチン手前の小さなダイニングの椅子に腰掛けて、小さな窓から朝日が差し込むのを眺めながら、シナモンとカルダモンがぱっちりきいた大きなシナモンロールを安心してほおばるのでした。

最速のシナモンロール

日本とフィンランドを結ぶフライトは、かつては日本をお昼に出発して、同日の夕方にヘルシンキに到着する便をよく利用していました。最近は夜発の便が増えて、日本出発は深夜12時。そして午前5〜6時に到着します。これだと、平日働いた後に出発可能。到着日は朝から丸一日使えて効率がいいんです！　とは旅行会社の方の言葉ですが、はたしてそんなに早く着いて時間つぶしに困らないのだろうか、というのが正直なところ。何しろ一般的なお店やデパートは、北欧では早くて10時開店、11時オープンも普通です。大聖堂など建築を外から見るとか、スーパーマーケットに行くとか、できることももちろんあるけれど、そんなに朝から飛ばして一日の終わりまで体が持つのだろうか。

そんな不安を抱えつつ、初めて早朝便で到着したときのこと。なんと、空港の入国審査のカウンターがまだ開いていませんでした。早朝のこんな時間帯、どうせフィンランドのことだから係員も窓口も少なくて待たされるのだろうな、とは予感していたので、だらだらと搭乗口から歩いてきたというのに。窓口がまだ開いてもいないとは、予想以上のマイペースさでしたね、フィンランド人。

しばらくしてやっと登場した係員のもと、行列が少しずつ進んでいって、パスポートにスタンプが押されて無事フィンランド入国！　となった際には、ひと仕事を終えた気分でした。

このままいきなりヘルシンキの町なかに繰りだしてホテルのチェックイン時間まで散策だなんて、それはちょっと無理。怖気づいたわたしは手荷物をピックアップして、フィンランドへの扉が開いてすぐ横にあったカフェへ直行し、シナモンロールを食べることにしたのです。

到着した空港でいきなりお茶をする。そんな発想は、以前はありませんでした。夕方に到着したら、できるだけ効率よくホテルへ向かい、体力があれば町なかへ繰りだせーとばかりに一目散に空港を後にしたもの。でも早朝の空港でシナモンロールを食べるのは、なかなかよい旅のスタートとなりました。

いわゆるチェーン系っぽい空港内カフェですが、まだ朝6時というのにカウンターにはコルヴァプースティ（フィンランド語でシナモンロールのこと）がいくつも積んであります。これこれ、この香り、この食感、この大きさ。「ここで焼いてます！」と看板にあったとおり、まだ少し温かいのも嬉しい。長時間のフライト後、ひさしぶりの淹れたてコーヒーも体に染みました。

繰り返し同じ国を旅するうえでよいことのひとつは、こうして慣れた体で店に入って、なにげない時間をのんびり過ごせることかなと思います。初めての旅ではやっぱり、あそこにもここにも行きたい、見たい、食べておきたいと慌ただしくなるのはどうしようもないもの。何度も訪れるようになってやっと、のんびりシナモンロールの時間を楽しめるようになったんだな……そんなことを思いながら過ごしました。

そうそう、充電は大丈夫だったかな、ＳＩＭカードや携帯は問題なく使えているかな、今日はこの後どこへ行くんだったっけ、町なかまではバスで行くか地下鉄にするか。中央駅からホテルまで、どう移動するのだったっけ。

町へ出る前にいったん、ひと呼吸して仕切り直しできたのも結果的によかった。飛行機のなかではあれだけ時間があったというのに、いざ空港に降り立って、入国審査を抜けて荷物をピックアップしてと、どんどん進む人の流れについていくと、つい気忙しく、わちゃわちゃしがちなまま町に出て、あたふたとしてしまうんですよね。

口もとに運んだとき、ふわりと漂うカルダモンの香りに「ああ北欧へ来た」といつも思うものですが、あの嬉しい感覚を空港でいちばんに感じられたのもよかったですね。

北欧はおいしい、の始まり

初めて北欧を旅した頃は、もっぱら「北欧はまずい」という評判でした。いまだってけっして、日本でいうところの「グルメ」な国ではないと思います。でも、おいしいものはたくさんあります。また食べたくなる味がたくさんあります。

たしかに初めての旅では、あまりおいしいものにありつけませんでした。ガイドブックを読んでも「北欧で食べるべき味」がもうひとつわからない。ミートボール？　酢漬けニシン？　……それっておいしいの？　わざわざ食べるもの⁇

当時、一緒に仕事をしていたフィンランド大使館の人々に尋ねても「日本の人におすすめできる味なんてないですよ」の一点張り。いやいや、日本人に合う美食とか、うまくて安いとかのグルメ情報でなくていいんです、その土地のおいしいものを食べたいんです……っていうか、大使館としておすすめとかないんですか〜と食い下がったものの「特別なものは何もないですよ〜」と返されるばかり。ちょっと奥ゆかしすぎませんか。結局、なんら情報がないまま、初めてのフィンランドへと旅立つこととなったのでした。

ガイドブックに載っていた伝統料理のお店をいくつか訪れて、ミートボールや北極圏のジビエなどを試し、話題のレストランにも行ってみたものの、記憶に残るほどの味には会えませんでした。クラシックな内装の老舗店で食べるミートボールなど、雰囲気はたっぷりと味わったのですけれど。

日本人によく「まずい」といわれるもうひとつの国、イギリスを旅したときは中華料理やインド料理がおいしかったので、ヘルシンキでも中華料理を食べてみたのですが、中華料理らしからぬ味の薄さに「北欧は、やはりおいしくないのだろうか」とも思ったものです。

北欧で初めて「おいしい」と思ったのは二度目の旅でした。スウェーデンのヘラングという田舎町で開催される長期ダンスイベントに参加したときのこと。会場内のカフェテリアで食べた人参と豆のスープがものすごーくおいしかったのです。そのとき、はたと思いました。はりきってレストランへ行くよりも、家庭の味がおいしいのではないか、と。

フィンランドでいちばんのピロシキ

「北欧、じつはおいしいのでは」が確信に変わったのは、三度目の北欧でした。旅した季節は冬。それも年末年始にかけて。旅の目的は、スウェーデンで開催される年越しのダンスイベントで、せっかくならイベント前にフィンランドでも過ごそうと決めたはいいものの、夏の旅行とは違って建築めぐりはできないし、屋外の蚤の市もありません。クリスマスマーケットや町の雰囲気が楽しめたらいいな、くらいのふんわりとした計画しかなかったこともあり、自然と食について調べる余裕ができました。

下調べをして絶対に行くぞと決めていたのは、「町でいちばんのピロシキ」をだす店でした。その名もエロマンガ。エロマンガ諸島にあやかって名付けられたその店が市内に何軒かあることは後にわかるのですが、雑誌で紹介されていたのは港前の市場に出ているというテントでした。

冬の朝市には、夏に訪れたときのような真っ赤なイチゴや緑色のさやえんどう豆が山盛りに積まれた屋台や、かもめたちの姿はありません。夏の日差しでキラキラ輝いて見えた港は、薄曇りの空に包まれて、寒さがますます染みるようでした。

そんななか「町でいちばん」が「フィンランドでいちばん」と書き換えられた看板を掲げた、オレンジ色のテントがまぶしく見えました。

雑誌で見ていたのと同じオレンジ色のテントのなかに入ると、室内はほかほかに暖かく、ほっと気持ちがゆるんだのもつかの間。ピロシキとコーヒーを頼もうとして、はて困りました。ピロシキってフィンランド語でなんて言うの？　ピロシキってそもそも英語？　いやロシア語だったっけ……。まごまごしていると「ミートパイ？」と聞かれました。ピロシキ＝ミートパイとは、頭のなかですぐにつながらなかったのですが、お店の人がわざわざ言うくらいだから、きっとそれだろうなと見切り発車で「イエス」と頼んで、でてきたものを見てびっくり。めちゃくちゃ大きい。巨大な揚げパンです。

こ、これ食べきれるのだろうか。そもそもわたし、ミートパイというものが好きだったっけ？　と、自分が想像していたピロシキとの違いにうろたえつつも、かじりついたら、これがおいしかった！　見た目ほど油っこくもなく、中に入った肉の味つけも控えめで、何やらお米のようなものもつなぎで入っている。パイとはいうけれどふわっとした食感のパン生地です。

なにこれおいしい。大きいけどこれなら食べちゃう、食べられる、とあっという間にぺろりとたいらげてしまいました。

その後、フィンランド語ではピロシキのことをリハピーラッカ（リハが肉で、ピーラッカがパイの意味）と呼ぶと知り、フィンランドでいうパイとは揚げパンのような生地も指すし、日本と同じパイ生地のことでもあり、幅広い生地を指すと知りました。フィンランド名物のひとつ、薄くのばしたライ麦入りの生地で牛乳粥を包んだカルヤランピーラッカ（カレワラ地方のパイという意味）もピーラッカ組です。

寒い時期ならではのおいしさ

朝市がたつ冬の港では、もうひとつおいしい味に出会いました。港には大小さまざまな船が停泊していて、そのうちのひとつが陸に橋渡しをして看板を掲げていました。ここはもしやレストラン……？　と看板に誘われておそるおそる船の扉を開けて階段を降りてみると、カウンターがあり、食事をだしていました。

キッシュやベリーパイが並ぶショーケースとは別に、大きな黒いスープポットを置いたカウンターがあり、「今日はロヒケイットもあるよ」と店員さん。おお！　フィンランドの友人から「フィンランドに来るならロヒケイットと呼ばれるサーモンスープを飲むといいよ」と教えてもらっていた、あれか！　と喜び、いそいそと注文。スープのそばには、真っ黒のライ麦パンとバターも置いてありました。

サーモンスープはクリーム仕立てで、ちょっと甘みのある黒いパンとの相性が抜群。おかわり自由と聞いて、スープもパンもたっぷりいただきました。それまで北欧の食事というと、じゃがいもたっぷりのミートボールや、マッシュポテトたっぷ

りの魚のソテーなどで、いつも食べきることができなかったのですが、まさか自分から「おかわり」してしまうとは。それもまた新鮮な経験でした。
クリームたっぷりのスープながら食べ続けても胃もたれしないのは、乳製品がおいしいからなのでしょう。そうそう、乳製品がおいしいことには気づいていたんです。ホテルのビュッフェで食べたバター、ケーキを頼んだときの生クリーム、カフェでラテを頼んだときの牛乳の味。
日本ではそれほど好んで食べない生クリームもこちらで食べるとおいしいし、牛乳もそのまま飲みたくなるおいしさで、このバターをもっと食べたいとパンにつけて、ついつい食べすぎてしまうんですよね。
サーモンスープには、緑色のディルがきざんで散らしてありました。ディルは、北欧の魚料理にはまず添えてある必須のハーブ。クリーム味にもよく合うんだなあ、と感心しながらスプーンを口に運びます。一緒に食べたサーモンのキッシュにも、ディルがたっぷり入っていました。

ロヒケイットをたっぷりいただいた船中レストランは、夏の間は航海に出ていて、戻っているときだけレストラン営業をしているとのこと。オレンジ色の暖かいテントのなかで食べたピロシキといい、冬だからこそおいしい味に出会えたのかもしれない、北欧らしいおいしさに気づくには冬に旅をするのもいいな、と思ったできごとでした。

「フィンランドにもおいしいものたくさん、あるじゃない！」と日本に帰ってから大使館の方には直訴しておきました。地元の味、それも家庭的な味となると、当人がそのよさに気づいていないのは、あるあるですけれど。

最近では行ってみたい国として名前があがることの多いフィンランド。大使館のSNSやイベントでもおいしい食情報が発信されるようになり、めでたしめでたしです。

節約ごはんはデパ地下とスーパーで

北欧は外食が高い。これはもう、どうしようもない事実であります。カジュアルといわれるレストランでも、夜のコースは前菜＋メイン＋デザートの３皿で４００～５００クローネ、40～50ユーロはあたりまえ（1クローネは国により14円～20円）。じゃあメインだけ……と頼んでも３００クローネ近くする。だったらやっぱりコースにするか、お酒も一杯くらいは飲みたいし。でも昨今の為替を考えると……ああおそろしい。

せっかく旅しているのだから、この国ならではのおいしさを味わいたいとは思いつつ、夜はそんなに頻繁には外食できません。予算的に厳しいのはもちろんのこと、おなかも、気持ちも疲れてしまいます。というのは、北欧のレストランは食事の提供がとんでもなくゆっくりなことが多いから。

とくに伝統料理の店などは、まず注文をとってもらうまでやたらに時間がかかることも。「おーい、わたしたちのこと、覚えてます?」と声をかけたくなるくらい、次の皿まで待たされることもあります。日本式がせっかちなのかもしれないですけれどね。せっかくお金をかけるのだから、さっさと食べるなんてもったいない、といったところかもしれません。

そんなわけで、財力体力温存の、おすすめ節約ごはんのアイデアです。

・市場やデパ地下で、惣菜を買っておく。ただし夜6~7時には閉店するところが多いので、買い出しは計画的に。スウェーデンの代表的なじゃがいものグラタン料理「ヤンソンの誘惑」やニシンのオーブン料理といった家庭の味は、レストランより市場で見つけるほうが容易《たやす》いです。

・スーパーマーケットの冷凍食品。案外おいしいですし、食べ比べるのも楽しい。ミートボールやニシンのフライをはじめ、スープやグラタン料理など各国それぞれの伝統の味も揃っています。アイスランドで食べた羊肉のスープや、白身魚のグラタンはまた食べたい味。電子レンジが使える宿じゃないと、食べるのが難しいかもしれませんが、ホテルによっては厨房で温めてくれたこともありました。

・朝食には、ぜひ乳製品をいろいろお試しあれ。ホテルのビュッフェでもヨーグルトは数種類揃えていますし、スウェーデンの飲むヨーグルト「Yoggi」はいつも飲んでいる味。アイスランドではスキールとよばれるヨーグルトのようなチーズをよく食べます。これ、数年前から日本にも入っていますが、脂肪分が少なめで食べやすくて腹持ちもよく、旅の朝に最適です。

・スーパーマーケットでは、トナカイのサラミなども売っているので、北欧ならではのジビエを手軽に試したい方はぜひ。おみやげ屋さんで売っているトナカイやヘラジカ、熊肉などの缶詰は……うーん、あまりおすすめしません。

残業飯にもぴったり？

スーパーマーケットで調達したなかで、強烈な印象を残したのはレイキャビクで食べた羊です。食べてみたかったのですよ、羊の頭。

もともと貧しい国だったアイスランドで、羊は暮らしの伴侶。厳しい冬の寒さから暖かく守ってくれて、おなかを満たしてくれる存在です。だからその命もきちんと食べ尽くします。

顔の真ん中で真っ二つにされて売っている頭を見たときは、やはり少なからず衝撃を受けました。あたりまえだけれど、目も鼻も口もついている。魚のあらのようなものと思えばいいのですが、やはり哺乳類の頭が、そのまま売っているのはインパクトが大きいですね。すでにローストしてあり黒っぽいので、生々しさが若干やわらいではいるのですが。

魚の頭と同じく、目玉も食べると聞いて、ううっとひるんだのですが、そこはやっぱり思いきって食べてみました。舌でおそるおそる食感をたしかめると、ぷるっとしたゼラチン質。味の記憶はありません。現地の方でも苦手な人もいれば、好んで食べる人もいるといいますが、それも魚の目玉と一緒ですね。

さて肝心の肉部分。ほほ肉をはじめ、案外と食べられる部分が多いのです。「臭みが気になる人はバーベキューソースなどをかけて食べるよ」と聞いて、ソースも調達したはずだったのですが、間違えて何かソースではないものを買ってしまいました（いまだにそれがなんだったかわかりません）。

ソースなしで食べられるだろうかとおそるおそる口に入れましたが、これが意外といけます。臭みはほとんど気にならず、これならビールのつまみにいけるぞ、と残すことなく完食！

羊の頭を人が食べているところを初めて見たのは、アイスランドの映画『湿地』でした。陰惨な事件を追う捜査官が主人公の警察ミステリもので、主人公が職場で残業をしながら食べていたのが羊の頭。

実際に食べてみると味も悪くないし、値段も安い（当時５００円くらい）。うん、これは残業飯にありです。

羊の頭は、食べ終えてからもちょっとした衝撃がありました。羊、生きていると毛がもこもこであんなにかわいいのに、骨になると恐竜みたいなんです。しかし、そんなのんきな感想を抱きながら食べるなんて、人間とは残酷だな。圧倒的支配者だな。うん、命をいただいたんだな、と神妙な気分になりました。ステーキで食べたときはそんなことは思わないのに、現金なものです。

旅先の市場やスーパーは、用がなくても見てまわるのが楽しい場所ですが、「今夜の夕食に何を食べるか」と明確な目的を持ってまわると、また気合が入ってやり甲斐がでてきます。パッケージなど、かわいくなくてよろしい。いま食べてみたい味は何か。これはどんな味なのか。滞在中、一度はそんな体験もしてみると、おもしろいかと。

おいしいビールを追いかけて

食事のおともといえば日本酒かワインだったのが、いまでは「ビールはどんなものを置いてますか?」とレストランで尋ねるようになり、バーでは「ヘイジーなのはどれですか?」「セッション系はありますか?」などと、知ったような口をきくようになりました。それは北欧のせい。

おいしいビールの世界へと案内してくれたのは、ミッケラー。北欧好きでなくともクラフトビール好きなら、おそらくその名を知っているであろう、デンマーク生まれのビールです。

ミッケラーのバーがあるのは、コペンハーゲン中央駅からも歩いていけるヴィク

トリア通り。レストランやカフェがひしめくヴェスタブロとよばれるにぎやかな地域と、ポルノショップなどもある猥雑な雰囲気ただようイステド通りの間を結ぶ道です。ヴェスタブロからヴィクトリア通りに入ると、急に店の数が減ります。日が暮れてから知らない道を歩くのはドキドキするもの。でも半地下にある店内から明るい光が漏れているのが見えて、ほっとしたことをよく覚えています。

店の前まで来て、大きなガラス窓から中の様子をのぞきこんでいたら、後ろから「ここのビールは本当においしいよ！」と声が聞こえました。男性が立っていて、お店に入るのかな？　と思ったら、どうやら近くに住んでいるのか通りがかっただけのよう。手には「SUSHI」と書かれた箱を持っていました。ふふ、これは幸先がよさそうです。

店内に入ってカウンターを見ると、生ビールを注ぐタップがずらり。20種類はあったでしょうか。上の黒板にはそれぞれのビールの名前や種類が書いてあるものの、なにぶんビール初心者です。文字を追ってみるものの、よくわからない。はてどうしたものか……と頼みあぐねていると、カウンターにいたスタッフが「どんな味が好みですか？」と聞いてくれました。ベリーやフルーツを使ったビールがおいしいと聞いていたので、「フルーティな味を」と伝えると、小さなグラスに少しだけ注いで試飲させてくれました。

「どう？　好きな味？」と聞かれて、うん、おいしいからこれで、と伝えようとしたら、さっと別のタップからも注いで「こっちはどう？」と飲み比べをさせてくれました。生ビールの種類もすごいけど、飲み比べさせてくれるなんてすごい！　しかもグラスがかわいい！　と、わずか数分ですっかりミッケラー流もてなしに心を掴まれてしまいました。

店内にはテーブル席もあればカウンターで飲むこともでき、わたしが「あそこに座りたい」と思ったのは、小さな引き出しをサイドテーブル代わりに壁に取り付けた席。小さなペンダント照明が吊るされた、二人がけの席です。

ビールを片手にホクホクと席につき、どうやって撮っても絵になる店内やビールの写真を撮っていたら、またしても通りがかった人に「写真、撮ってあげましょうか？」と声をかけられました。すごーい、すてきーと盛り上がるわくわく感がおそらくだだ漏れしていたのでしょう。好意に甘えて、かわいいグラスとサイドテーブルと照明と一緒に写真まで撮ってもらって、身も心も満たされてミッケラーで初めての夜は更けていきました。そして、今度コペンハーゲンに泊まるときはそばのホテルにして、一日の終わりをここで過ごそうと決めたのでした。

何がなくてもミッケラー

決意どおり、コペンハーゲンに来たら一日の終わりは「とりあえずミッケラー」でしめ、ミッケラーがコラボするオープンサンドの店やカクテルバー、ラーメン店（！）、さらにはスウェーデンやアイスランドなど他の国でも、新しい店ができるたびにミッケラー詣でをしました。こうして立派なミッケラーファンとなったわたしはついに２０１５年、ミッケラー主催のビアフェスに参加することになります。まさか飛行機に乗って、ビアフェスに参加するまでになるとは。

２日間にわたって開催されるミッケラーのビアフェス、正式名称コペンハーゲンビアセレブレーション（現在はミッケラービアセレブレーション）はビール好きにとって楽園のようなイベント。ミッケラー創業者のミッケル氏が推す世界のブルワリーが集結し、４時間ほどの飲み放題です。

ビールだけでなくフードもおいしいと噂には聞いていたのですが、たしかにホットドッグやスペアリブなど、ビールに合うお約束のメニューもひと味ちがう。なんと日本が誇る屋台の味「TAKOYAKI」まであって、小さな舟盛り皿に盛りつけられていたのにはびっくり。この舟盛り皿は日本から輸入したのだろうか……とまじまじと見ていると、コックコートを身に着けたシェフが華麗な手さばきで鰹節をかけて「どうぞ」と差し出してくれました。デンマークの「TAKOYAKI」は生地の味わいといい、かかっているソースといいとても上品。モダンノルディック料理の前菜にでてきてもおかしくない、そんな雰囲気さえまとっていました。

フェスといえばTシャツやトートバッグなど限定グッズが欲しくなるもの。でも後から「なんでこんなの買っちゃったんだろう……おそるべしフェスの空気感」とちょっぴり後悔するようなビミョーなデザインもよくあるもの。われらがミッケラーはそこも違います。アメリカ人のグラフィックデザイナーが手掛けるミッケラーのメインキャラクター、ヘンリーとサリーのイラストが入ったTシャツやトートバッグはどれもおしゃれ。ああ、これまでのビールグッズといえば妙にロックでメタルなTシャツだったのに、ぜんっぜん違う！　驚いたのは、ヘンリーやサリーをネイルアートで描いてくれるコーナーもあったこと。小さなコーナーでしたが、ビアフェスといえば男臭い、そんなイメージを覆すメッセージのようでした。

もうなくなってしまった店もありますが、ミッケラーはスウェーデンやアイスランド、ノルウェー、エストニア、そしてデンマークの自治領であるフェロー諸島にも進出しています。初めて訪れる町で「とりあえず、ミッケラー」と目指す場所があるのはいいもの。ちなみにノルウェーだけは店名がミッケラーではなく「ヘンリーとサリー」となっています。ノルウェーではアルコールの規制が強いため、お酒のメーカー名をそのまま店名にできないのだとか。北欧飲酒事情の豆知識です。

干支が一周するくらいミッケラーを飲み続けてきたわたしが選ぶ、これまでで最高の一杯は、クリスマスの時期に飲んだ「リス・ア・ラ・マンデ」。リスとはお米のことで、デンマークでクリスマスに食べる牛乳粥のことです。牛乳粥は北欧共通のクリスマスのデザートですが、デンマークではチェリーソースをかけるのがお約束。そのチェリー味をイメージしたという甘酸っぱいビールは、ほのかに乳酸系の味もしました。クリスマスになると本家「リス・ア・ラ・マンデ」よりも、ミッケラーのあのビールが恋しくなります。

「最近は観光客ばっかり」と地元ファンたちがぼやくヴィクトリア通りのミッケラー1号店ですが、近くを通るとやっぱり寄りたくなるもの。たしかにいつ見ても、店内は大混雑していて、わたしの気に入りの席に座ることはまずできないのですが、でも店の前の道に並べたテーブルに腰掛けて、相席でワイワイ飲むのもいいもの。偶然居合わせた人たちと「どこのミッケラーに行ったことがある?」「うちの町にもミッケラーがあるんだよ!」とミッケラーオタクぶりを披露するのも楽しいですし(東京にもミッケラーがあるんですよ)。

２０２３年にひさしぶりに訪れたコペンハーゲンでも、街歩きの最後はやっぱりミッケラーへ。運河沿いの倉庫地帯に新しくできたバーで、行き来する船を見ながら、また戻ってこられたことに乾杯しました。初夏の夕暮れどき、バーの前にはビーチチェアで日光浴を楽しむ人もたくさん。冬は吹きさらしで寒そうだなあと思っていたら、なんと最近では冬場に簡易サウナを設置していると聞きました。ミッケラーとサウナとは、それもまたそそられる組み合わせです。

ミッケラーの旅は、機内でも続きます。日本とコペンハーゲンを直行便で結ぶスカンジナビア航空では、機内限定のビールを飲めます。コペンハーゲンの空港にはミッケラーのバーもあるので、旅の最後をおいしいビールでしめることもできます。

驚いたのは、もうひとつの北欧系エアラインであるフィンランド航空の機内にも進出していたこと。無料ドリンクサービスで、ミッケラーが手掛けるカクテルバー、ミクロポリスのカクテルドリンクが選べるのです。地元エアラインのみならず、ライバルともいえるエアラインにまで悠々と進出するミッケラー、さすがです。

拝啓、バリスタ世界チャンピオン様

この10年ほどの、北欧コーヒー業界の盛り上がりには目を見張るばかり。新しい店ができ、注目のバリスタが現れ、焙煎の考え方が刷新され、さながら群雄割拠、北欧コーヒー三国志が書けるのではないかと思うほど。え、じゃあ孔明は誰だ。

オスロとコペンハーゲンが揺るぎない二大巨頭としてそびえ立つなか、新鋭ヨーテボリもじわりじわりと力を伸ばしており、海を隔てた古豪レイキャビクもじつはあなどれぬ。おお、コペンハーゲンのあの店を一流の味にした名軍師は、いまはあの店に移ったのか……などと、コーヒー人たちの歴史と相関図を書いたらおもしろいんじゃないかな。いや、ファミリーツリーのほうがいいかもしれない。木の形に家族の系譜を作っていく、あれ。

北欧コーヒーのファミリーツリーを作るなら、いちばん下の根っこの部分にはオスロのコーヒーショップ、ヤヴァを貼りたい。エスプレッソもコーヒーバーもまだなかった時代にオスロでひっそりと扉を開けたヤヴァは、北欧で新しいコーヒー文化が育つ土壌を作っていった店なのです。

ヤヴァを始めたロバート・トーレセンさん、その人は、サードウェーブで注目されたアメリカ西海岸とも、老舗イタリアとも違うコーヒーシーンを北欧で育てるために、道を切り拓いたひとり。バリスタの世界大会で初代チャンピオンに輝いた人でもあります。

ロバートさんは、経歴からしておもしろい。サンフランシスコで建築家として働いていたときに、当時サードウェーブとよばれた新しいコーヒー文化に出会い、帰国。自ら設計デザインしたコーヒーバー、ヤヴァをオスロにオープンさせます。

ヤヴァがあるのは、町いちばんの美しい公園といわれるサンクト・ハンスハウゲン公園の前。

「オスロのいいカフェは、たいてい公園に面していて、コーヒーをテイクアウトして、芝生の上で楽しめるのがいい」

と、あるバリスタが話していたけれど、そんな楽しみ方はヤヴァから始まったのかもしれません。

わたしが最初にヤヴァを訪れたのは9月の中旬で、まだ夏を感じる時期。公園側に面した店の大きな窓は取り外され、店内からでも公園の緑や空気を感じることができました。ヤヴァのシンボルともいえる、バーカウンター背後に広がる緑色のモザイクタイルも、公園の緑と同じ色です。

次に12月に訪れたとき、早朝はまだ暗く、カウンターを照らすペンダント照明や、壁や天井を照らすアームライトが目に留まりました。

「夏の明るい日には店内も明るく、暗いときには店内も照明を落とすんだよ」とはロバートさん。「灯りが居心地のよさを作る」とか「自然と一体化する」とは北欧インテリアの解説でよくでる言葉だけれど、こういうことなんだと合点がいきました。そうそうアームライトって、ノルウェーの会社が普及させたんですよね。

建築家としての力量を活かして理想の店を作ったロバートさん。店作りをしながらバリスタとして修行を積み、それでバリスタの大会にでて世界チャンピオンになってしまったというのだから、すごい。

「よく計画を練って、よく練習すればできる」と話していましたが、いやあフツーの人には、それがなかなかできませんて。

ホワッツ・ユア・ゴール？

コーヒーの本を書くために、食やコーヒーの店めぐりをしていると話すと、ヤヴァのバーカウンターの向こう側にいるバリスタたちがこぞって「それなら、あの店もいった？」「こっちの店もいいよ」と教えてくれました。

群雄割拠だなんて書いてしまったけれど、実際には北欧のコーヒー業界の人々は対立なんかせずに、ゆるやかにつながっているように見えます。魅力的な店や人が次々に登場すると、ついつい「どの店がいちばん」とか「あのバリスタがすごい」と勝手にジャッジしたり、競わせてしまうのはいけない、いけない。

北欧のコーヒー人たちを取材していると、地域をよくしたい、世界をよくしたいと明確な目標を持って走っている人によく会います。フェアトレードには問題が多いから、コーヒー農家と直接取引をしたいとスペイン語を学ぶ人、南米やアフリカの産地に繰り返し足を運んで農家を支援している人。

「ホワッツ・ユア・ゴール？」

これはロバートさんの口癖で、わたしもたびたび、この質問を投げられています。「コーヒーの本を作っているの？　いいね！　それで、君のゴールは何？」と。ロバートさんの前ではいつも言葉に詰まってしまうのですが、ときどき自分でも問いかけている言葉です。

「人と会うときにコーヒーがあるといいでしょう。お酒よりも気軽だし。コーヒーを介して人が会話できるといいよね」

ものすごくあたりまえの、ありふれた言葉だけれど、彼が言うと心に響きます。

旅の途中でカフェに立ち寄ったときや、いつもコーヒーを買いに行く自宅近くのあの店で。コーヒーを片手にひととき、気持ちがほぐれるような時間を持てるのは、その根っこをたどればヤヴァにつながっているのかもしれません。すくすく育つコーヒーのファミリーツリーのおかげで、北欧にいなくても、あのひとときを味わえるのは嬉しいことです。

ああ、ヤヴァでまた朝の一杯を飲みたいな。

北欧のおやつ探偵（解決はしていない）

店の看板に、KahvilaとかKonditoriの文字を見つけると、つい立ち止まってしまいます。Kahvila（カハヴィラ）は、フィンランド語でカフェ。Konditori（コンディトリ）はスウェーデン語でお菓子屋さんのような、喫茶店のような場所。どちらもいまどきのカフェというよりは、昔ながらの佇まいのお店が多いです。

こういうお店に入ると、メニューがほぼ同じです。カハヴィラにはコルヴァプースティ。ぐるぐると巻いた生地をちょっとつぶして、粒糖をかけたフィンランド式のシナモンロール。コンディトリには、緑色のマジパンでおおわれたプリンセスケーキ。マジパンって、あのケーキの上にのっている花や人形などの飾りに使う、あれ？　しかも緑色か……と正直なところ、最初はあまり食指が動かなかったのですが、伝統の味を試さないわけにはいきません。で、おそるおそる食べてみたら、おいしかった！

ストックホルムにある老舗店、ヴェーテ・カッテン（小麦の猫という意味）で食べたプリンセスケーキは、やわらかいスポンジ生地にたっぷりの生クリームとラズベリージャムを挟んであって、カットされた断面を見ると「普通においしそうなケーキ」にしか見えません。この緑色にくるまれているから、つい及び腰になってしまうのだな……と口にしたマジパンも、意外においしい。砂糖とアーモンドパウダーを混ぜて作るマジパンですが、アーモンドパウダーの配分が違うのか、それともアーモンドの質がよいのか？

コンディトリのショーケースには、緑色のマジパン菓子がまだあります。ダムスーガレとよばれる細長い筒型の小さなお菓子もばっちり、緑色。ダムスーガレとはスウェーデン語で掃除機のことで、昔の掃除機の形にちなんで、そう名づけられています。マジパンのなかに入っているのは、お酒とココアで味つけしたフィリング。緑色なので、てっきりミントやピスタチオ風味がするかと思えば、まったく使われていません。

ショーケースに鎮座する緑組のなかでも、声がでそうになったのは、カエルの形をしたケーキ。といってもリアルなカエルの形ではなく、おばけのような、パックマンのような形なのですが、このカエルケーキの中身はプリンセスケーキと同じです。緑色のマジパンがあるならカエルにしてしまえ、と生まれたに違いありません。

なぜにスウェーデンの人々はそんなにも緑色のお菓子が好きなのか？　どうやら本国でも不思議に思う人はいるようですが、はっきりとした答えは見つかっていません。プリンセスケーキの名前の由来となった、スウェーデンの王女たちが好きな色だったから。プリンセスケーキが生まれた20世紀初頭、緑色が流行っていたから。春の到来を思わせる色だから……と諸説あるようです。

アーモンドとスパイスの謎

イースター前の時期に訪れたストックホルムで、コンディトリのショーケースを占拠していたのがセムラです。見た目はシュークリームのようですが、じつはパン生地を使った菓子パンで、生クリームだけでなく、アーモンドクリームが底にたっぷりと敷かれています。持ってみるとずっしり、食べるとかなりおなかにたまる一品です。

もともとイースター前の断食に備えて食べたというセムラ。マルディグラとかファット・チューズデイと呼ばれる謝肉祭の最終日が、スウェーデンではセムラの日にあたります。この日はベーカリーの棚がセムラに埋め尽くされ、あとからあとからできたてセムラが店頭に並んでは、それがどんどん売れていきます。

セムラと同様の菓子パンはほかの国にもあるのですが、スウェーデン人のセムラ愛は別格です。年明けにはショーケースに並び始め（クリスマス頃から置いている、気の早い店もありますが）、新聞や雑誌で「どの店がおいしいか」とセムラ特集も組まれます。かくいうわたしも2月や3月にスウェーデンを訪れる際は、コンディトリやベーカリーでセムラを片っ端から食べて歩きました。最近はチョコレートセムラや、デニッシュセムラなど変わりセムラも登場し、クレープ風セムラ、ホットドッグ風セムラといった、もはや原型をとどめていないものもありますが、わたしはやっぱり伝統的なセムラが好きです。

それにしても、マジパンといい、アーモンドクリームといい、北欧の伝統菓子ではアーモンドがじつにいい仕事をしています。

ノルウェーのスコーレブローとよばれる菓子パンは、フィンランド人にとってのシナモンロールのような、デンマーク人にとってのデニッシュのような、アイスランド人にとってのドーナツのような、国民的なおやつパン。やわらかいパン生地を丸く平らにして、真ん中にバニラクリームとココナッツフレークをまぶした一品です。コーヒーにもよく合う菓子パンですが、しかし、なぜにココナッツフレーク？

そもそもシナモンロールを始めとする北欧の菓子パンに必須のカルダモンも、暑い国からきたスパイスです。アーモンドも暖かな気候の土地で採れるもの。これははたして南国への憧れなのか？　それともヴァイキング時代の戦利品として敬われているから？　何はともあれ異国情緒を感じさせるから？　カルダモンもアーモンドも、そしてココナッツフレークも、いまではすっかり北欧情緒を感じさせる味となっているわけですが。

ほろほろシナモンロールの謎

シナモンロールは北欧5か国、どの国でも親しまれているおやつパン。シナモンロールのラスクを見つけたときは、やっぱり消費量が違うんだなあ……と驚いたものです。

フィンランドではコルヴァプースティとよばれる、ぐるぐると生地を巻いてわざと指でつぶした形が多く、スウェーデンやノルウェーでは細長くした生地を毛糸のように巻きつけた形をよく見かけ、デンマークやアイスランドではかたつむりの殻のようにぐるぐる巻いた形が定番のようです。

夢見るようなおいしさで忘れられないのは、アイスランドの首都レイキャビクで食べたシナモンロール。もっちりとして、これまでに味わったことのない食感でした。伝統的なシナモンロールはどっしり、時にパサッとした食感で、昨今はフランスの影響か、しっとり系やさっくり系など、さまざまな食感がでてきています。一方のレイキャビクの人気ベーカリーで食べたのは、もっちりほろほろ系。

地熱の国アイスランドには、パン生地を鍋に入れて地中に埋め、地熱で焼き上げる伝統的なパンの製法があります。でき上がりは蒸しパンのようなもっちり、ほろっとした独特の食感なのです。件《くだん》のほろほろシナモンロールは、もしや地熱パンの食感を経由して生まれたのでは、とにらんでいます。

夢見るシナモンロールはレイキャビクきっての観光名所、ハットルグリムス教会に向かうフラッカスティーグル通り沿いのベーカリー、ブロイズ（アイスランド語でパンの意味）&コーで食べられます。レイキャビク観光の際にはぜひ、お試しあれ。

第4章 森とか島とか自然とか

スウェーデンのサウナを知ってるかい

サウナーが目指す国といえば、フィンランド。でもわたしが目指すサウナは、スウェーデンの西海岸にあります。わたしはスウェーデン式サウナが大好きです。

最初にスウェーデン式サウナの楽しみ方を教えてくれたのは、スウェーデン南西岸に位置する町、マルメに暮らす友人でした。あるとき、一緒に海岸沿いを歩いていると長い長い桟橋の向こうに、スウェーデン国旗が羽ばたく平たい建物が見えました。細長い桟橋の先に建物が横に広がる様子が「出島みたいだな」と思ったのですが、

「あれ、サウナなんですよ」

と、聞いてびっくり。なぜあんなに横広がりなのか？　なぜそんなに長い桟橋の

向こうにあるのか？　熱くなったらやはり、そのまま海に飛び込むのか？　そんなに沖で……？

栈橋のそばまで来て見てみると、建物の造りは妙にクラシック。正面入り口には屋根付きポーチもあって、スカンセン（歴史建造物などを集めた、ストックホルムにある屋外博物館）で見た戦前の家のよう。扉や窓の細工もかわいらしいし、なぜサウナがこんなスタイルに？　とまたまた増えるクエスチョン。

聞けば、オリジナルの建築は1898年に建てられ「何度か暴風で倒壊しているものの、その都度オリジナルの状態に修復してきた」とのこと。そんなに歴史あるものなんですね。そして栈橋の上に出て気づいたのですが、この辺りは遠浅の海なんですね。陸からずいぶんと離れているのに、海水浴を楽しむ人々を見ると、太ももくらいまでの深さしかないのです。

なるほど、これではサウナの後に海にとっぷり浸かるには、陸からだいぶ離れないとならないわけで、それでこんなに栈橋が長いのか、と合点がいきました。後で調べたのですが、栈橋の長さは170メートルもあるそうです。

実際に入ってみて、どうしてそんなに横に広いのか、その理由もわかりました。サウナは男女別に入るもので、建物右側は女性、左側が男性用と分かれています。そして男女それぞれの建物がぐるりと海を囲って、中庭のように海水プールが造られているのです。建物を上から見れば「中」の字みたいになっているというわけ。サウナはいちばん奥(「中」の真ん中の棒の上のほう)にあり、海に面しています。大きな窓から視界を遮るものは何もなく、対岸に見えるのはデンマーク。左方向を見れば、スウェーデンとデンマークをつなぐオーレスン橋も見えて壮観です。オアスン橋は、列車用線路と車両用道路からなる二段構えの橋で、この橋のおかげでデンマークの首都コペンハーゲンと対岸の町マルメは、電車で30分程度で行き来ができるようになりました。

オーレスン橋を見ると、あるドラマを思い出します。スウェーデンとデンマークの共同制作ドラマ『ザ・ブリッジ』は、この橋の上で死体が発見されるところから物語が始まります。両国の文化や考え方の違いが浮き彫りになるのも見どころで、双方の国で大ヒット。アメリカでリメイク版も作られるほどの話題作となったのですが、一緒にサウナを訪れた友人もわたしもそのドラマが大好き。オーレスン橋を見ると、ブリッジの話をせずにはいられません。

「ちょうど、あの国境線の上に死体が置かれていたんだよねえ……」「あの辺りで最後、犯人がねえ……」と汗をかきながらブリッジ話に盛り上がるのでした。

全裸問答

サウナでは、衛生面から水着着用が禁止されています。サウナを出ると、海へ降りるハシゴがあって、そのまま裸で海水浴が楽しめるというわけ。ハシゴの手前には「自己責任でどうぞ」との看板があり、うーん、スウェーデンっぽいなあ……と苦笑いしながら、おそるおそる海に足を入れていったのですが、裸で泳ぐマルメの海の気持ちいいことよ！　たったの水着1枚というのに、あるとなしではこんなに違うものか。何これサイコー！　とわたしは叫びたくなりました。いやあ裸で海水浴なんて、赤ちゃんのとき以来ではなかろうか。

思えばフィンランドでも、いろいろな場所でサウナに入ってきましたし、裸でサウナに入ったことはあるのですが、遊泳場所は男女共用で水着着用がルールづけられていたり、施設によってはサウナ自体が水着着用だったので、裸で泳いだことがほぼありません。ほぼ、と書いたのはじつは一度だけ、夜更けにホテル併設のサウナを利用したときに、他に人がいなかったので、湖に入る前にこっそり水着を脱いで泳いでみたことがあるのです。あくまでも、こそこそと。

フィンランドの映画では、仲間や家族で、裸でサウナに入ってそのまま湖へ飛び込むシーンがあるので「サウナといえば全裸」イメージがあったのですが、旅行者にはなかなか挑戦できなかったんですね。

泳ぐだけでなく、裸で日光浴も、き・も・ち・い・い。「中」の字における横長の四角部分は海水プールをぐるりと囲む建物なのですが、具体的に何があるかといえば、着替えたり休憩所として使える細長いビーチキャビンがずらりと連なっています。キャビンの手前はウッドデッキで、天気のいい日は泳ぐでもなく、サウナに入るでもなく、デッキでごろごろしている人が、それはもうたくさんいます。

夏に訪れたときには、沖に浮き台が設置してありました。男女サウナのちょうど真ん中あたりで、それを目指して泳ぐのが、ちょうどいいくらいの距離（ええ、あくまでも自己責任で）。

浮き台にたどり着き、ハシゴを手に台に上がって気づくのです。当然ながらここも全裸だ、そして男女共用だと。最初は面食らったのですが、こちらでは裸のつき合いは取り立てるほどのことでもないので、だんだんとその雰囲気に慣れて気にならなくなってくるのも不思議です。そしてたまに水着を着て泳いでいる人を見かけては「ふっ……観光客かしら」などと、先輩風を吹かせる自分がいるのです。

基本的には裸のつき合いOKとされる北欧人ですが、聞き込みをしていくと「知らない人との混浴はありでも、相手が知人になるとちょっと恥ずかしい」との意見も。ああ、それはやっぱりそうなのね。マルメのサウナには男女別々のサウナ以外に共用サウナもあって、たとえばわたしと夫と友人で入るとしたら、それは微妙に恥ずかしい。まあ、そうしたサウナでは全裸とはいえ、タオルを巻いて入るのですが。

マルメのサウナのウェブサイトを見たら、「よくある質問」に「水着を着てもいい?」とありました。その答えは「サウナは水着禁止です。水泳時は着てもいいけれど、99%が裸で泳いでますよ」とのことです。

スウェーデン式のここが好き

これまでサウナ、サウナと書いてきましたが、スウェーデン語ではこうした施設のことをカルバァドヒュースとよびます。英語にするとコールドバス・ハウス。冷水浴用の家というわけです。この名前を聞いて、自分がすっかり魅了されたのがわかった気がしました。

カルバァドヒュースは、あくまでも水泳がメインで、それをサポートする存在としてサウナがある。サウナの楽しみといえば、暖まった体で海や湖で泳ぐこと。サウナはあくまでも「水に入って泳ぐため」派のわたしにぴったりのスタイルだったのです。

スウェーデンでは19世紀の中頃から健康促進や病気治癒の一環として、冷水浴が注目されてきたとのこと。そして遠浅の海岸が多いせいでしょうか、スウェーデン西海岸ではこうしたスタイルのカルバァドヒュースが広がっていったようです。
　こうしてスウェーデン流サウナーとなったわたしは、西海岸に点在するサウナを片っ端から試そうと、次の旅を計画することになるのです。

　しかしサウナって、日本人にとっては入浴の延長ですが、カルバァドヒュースに入ると、自然と向き合う絶好の場所だなあと思います。それも全裸で。
　最初に通りかかったときにはまさか、出島の向こう側でこんなパラダイスが待ち受けているとは想像もしませんでした。そう、こちら側から見ると向こう側の様子がまったくわからない。だからおひさまの下でも裸でのびのびと、楽しめるんですよね。

　もうひとつカルバァドヒュースのよいところは、予約なしで入れるところ。基本的には日本の銭湯の感覚でふらりと立ち寄れるところが多いのです。会員制だったり、宿泊者優先の施設もありますが、混雑していなければゲストも利用できるので、気軽なのがありがたい。ああ、そうか。フィンランドはサウナが主役だから、サウナの大きさによって人数制限せざるを得ないけれど、カルバァドヒュースの場合は冷水浴と日光浴がメインだから、より多くの人を受け入れできるのでしょうね。

　平日の昼間にふらりと入りにいくと、地元のおばあちゃんたちがたくさんいて、まるで銭湯のようです。いいなあ、わたしも歳をとったら、こうしてカルバァドヒュースで井戸端会議したいなあなんて思いながら、裸でごろごろ、ざぶざぶと楽しむのでした。

北欧で、島めぐり

ストックホルムに初めて降り立ち、空港と中央駅を結ぶ空港列車アーランダエクスプレスを降りて、夫と二人でスーツケースをゴロゴロと引きながら改札へと向かっていたときのこと。そばを歩いていたビジネスマン風の男性に「海外から来たの？　スウェーデンに来たらアーキペラゴに絶対行ったほうがいいよ！」と声をかけられました。

アーキペラゴとは群島を指す言葉……と知ったのは後のこと。そのときは不思議な語感だけが頭に残っていたのですが、その後の滞在でアーキペラゴという単語を繰り返し聞いて「あのときおすすめされたのは、きっとそれなのでは……」と思うに至ったのでした。いまでは、わたしも同じ気持ちです。スウェーデンに来たら、

絶対にアーキペラゴへ行ったほうがいい！

人生初のアーキペラゴは、なんと運よく、その数日後に体験することができました。ストックホルムに暮らす友人が「夏に来るならサマーハウスにもおいでよ」と招いてくれて、彼のサマーハウスがまさにアーキペラゴにあったのでした。

ストックホルムには、大小合わせると2万4千もの島々からなるアーキペラゴがあります。そもそも首都ストックホルム自体が14の島からなる水の都で、東にかけて80キロほどの間に群島が広がり、町の中心部からは各島をめぐるフェリーが出ています。

友人ヨハンのサマーハウスがあるのは、ティニンゲとよばれる島。すぐ隣には、かつての要塞があり観光客も訪れるアーキペラゴの主都、ヴァックスホルム島があります。

わたしたちがストックホルムに到着したのは7月中旬で、ヨハンはすでにストックホルムの自宅を離れてサマーハウス暮らしを始めていました。こちらの人は3〜4週間と長い夏休みをとってサマーハウスで過ごす人も多く、おかげでヨハンが留

守にするストックホルムの部屋をのびのびと使わせてもらっていたのでした。サマーハウスのある島まではフェリーで1時間ほどで行けるので、ヨハンは夏休み以外にも、週末をサマーハウスで過ごす二拠点生活を楽しんでいました。

さて初めてのアーキペラゴ訪問にあたって、ヨハンから強く念を押されていたのは、乗るフェリーを間違えないこと。何しろ島の数が多いから、フェリーの路線もたくさんあるのです。いまどきはネットでフェリーの路線マップを見ることもできるので、改めて見てみると「これは東京の地下鉄路線図か？」と言いたくなるほど島の数がとてつもなく多く、しかも路線が複雑！ ヴァックスホルム島のようにレストランや宿泊施設もある島はターミナル島となっていて、さらに離れた島への乗り継ぎができます。

地図を見ていると、「フェリーを乗り継いで、はたしてどこまで遠くへ行けるのだろう……」と旅情も高まるのですが、路線によっては快速列車ならぬ快速フェリーもあるようで、飛ばされる島もあると聞いて緊張が走ります。知らない町でうっかり、来た電車に乗ってしまって、わあ大変、ぜんぜん停まらない！ そんな間違いをフェリーでやったら致命的です。

ヨハンが書き残してくれていた「Höganäs」という船着き場のメモを片手に、フェリーのチケット売り場で確認、乗り場で確認、乗るときに船員に確認と、再三確認を繰り返してストックホルムから離岸。でも着くまではドキドキしました。

フェリーに乗ること1時間弱。島に到着して、船着き場にヨハンの姿を見つけたときは本当にほっとしました。ティニンゲ島で下船するのは、地元の方らしき人ばかり。夏はサマーハウス利用の人が増えるようですが、常住者もいるようです。

初めてのサマーハウス体験！

船着き場から車で10分ほど走って到着したサマーハウスの立派なこと。2階建てで、上階にある広いリビングにはピアノまで置いてありました。北欧のサマーハウスというと、ガーデニング小屋の延長のような簡素な家も多く、電気や水道がない家もあると聞いていたし、ヨハンのサマーハウスも「父が建てた」というから、もっと素朴な建物を想像していたのですが……すごいぞ、父。広々としたリビングで目を引いたのは、壁一面の窓。日当たりのよい部屋の壁のほとんどを窓が占め、温室のようにも見えました。

ひと通り部屋を案内してもらってひと息つくと、ヨハンが「泳ぎに行こう」と言い出しました。家好きとしては、もうちょっと家のすみずみまで見たーい、フィーカ（スウェーデンのコーヒータイムのこと）したーいと思っていたのですが、こんなに天気のいい日にわざわざ島まで来たんだから、というヨハンの言い分ももっともなので出かけることとなりました。

森を抜けて海まで歩く道すがら、時折ぽつんぽつんと建つ家が目に入ります。ポストカードで見たような伝統的な赤い壁の家もありました。電気の通ってなさそうな簡素な小屋もありました。そうそう、サマーハウスってこういうのを想像していたのよね、などと思っているうちに視界が開けて、海岸にたどり着きました。桟橋がいくつもあって船もたくさん停泊しています。

しかし、人がいない。来る途中も人にまったく会いませんでした。7月下旬といえば、北欧的には夏休み真っ只中。気温も高くて好天気というのに、海辺はプライ

ベートビーチ状態です。
海のそばにもサマーハウスが建っていて
「ああいう場所に家を持つのがスウェーデン人の夢」
とヨハンが教えてくれましたが、これだけ人がいないとプライベートビーチのありがたみも薄れそうです。

泳ぐのにこれだけ最高の条件が揃っていて、こんなに空いている（というか人がいない）海は初めて！　北欧の海デビューだ！　と喜び勇んで海に入って驚いたのですが、水がめちゃくちゃに冷たい！　気温の高さと水温がこんなにかけ離れているなんて。そうと知らずに飛び込んだりしたら、びっくりして足がつったりして危険では。しかもまわりに人がいないから溺れても気づかれないだろうな。監視員もいないし。などと怖い想像が膨らんでしまったわたしはすっかり弱気になり、ちょっとだけ泳いで戻ってきました。波はほとんどないし、バルト海は塩分も低めなので、水温を別にすれば泳ぎやすかったのですけれど。
しかし、こんなに冷たい海で泳ぎ慣れているとは、さすが北欧っ子だねーとヨハンの様子を見たところ、ざぶんとひと泳ぎしたらわりとすぐに「じゃ、戻ろうか」と引き上げてきました。え、そんなにあっさり終了でいいんですか？　と拍子抜け。たしかに、あの冷たさではそんなに長いこと泳げませんけどね。

これも後にわかってきたのですが、多少気温が低くても太陽の出ている夏の日は「泳ごう！」とはしゃぐ北欧の友人たち。しかし往々にして、どぼんと入ってひと泳ぎすると、あっさり終了。せっかく海に行くのなら日が沈むまでビーチで過ごすもの、と思い込んでいたわたしは軽くカルチャーショックを受けました。その気軽さがうらやましいのですけれど。

森とママのベリーパイ

海からの帰り道、森を抜けている途中でヨハンが何かつまんではモグモグしていました。見るとブルーベリー（スウェーデンではビルベリー）を摘んで食べているではないですか。わたしも真似して摘んで食べてみたのですが、味が濃くておいしーい。海の帰りに森のなかでベリーのつまみ食いだなんて、最高ではないですか。

そしてサマーハウスに帰りついてみると、ヨハンのお母さんが手作りのブルーベリーパイを焼いて待っていてくれました。これがすごくおいしい。パイとはいうものの、焼き型に一面ぎっしりとブルーベリーが敷き詰められていて、クランブルがかかっているだけのとってもシンプルなお菓子です。これに甘くないバニラソースをかけていただくのです。甘くないバニラソースなんておいしくなさそうですが、甘いとブルーベリーの味を邪魔してしまうので、甘さをつけるとしても控えめが鉄則とのこと。同意！

このブルーベリーパイはスウェーデンの人にとって、おふくろの味のようなもの、とも後に知るのですが、たしかにそういわれるのもわかります。素朴でシンプルで自分でも作れそうだけれど、あの味にならない、そんな味。一度食べただけのわたしでさえ、その後カフェやベーカリーで食べては「う〜ん、おいしいけど（ヨハンのママの味とは違うな」と言いたくなるような味。海で泳いで、森を散策して、サマーハウスで食べるといったシチュエーションも含めて、おそらくあれを超えるおいしいブルーベリーパイに会える気がしない、と思う味でした。

初めての海、初めての森散策にベリー摘み、初めてのおふくろの味……と思いがけず濃密な時間を過ごした、初めてのアーキペラゴ。それまではひたすら建築や美術館、カフェめぐりなど忙しなく動いていたので、海でちょっとだけ泳いで、あとはママのベリーパイをつまみながらおしゃべりをする、そんな時間を過ごせたのは初めてのことでした。ありがとうヨハン、ありがとうヨハンのママ。

ちなみにヨハンのママは、ウルリカといいます。初対面でわたしが「ユリコです」と自己紹介をした際に「ウルリカ」と返されたのにそれが彼女の名前だと咄嗟にわからず、「あらわたしの名前を発音してくれようとしているのかしら」と勘違いして「ユ・リ・コ」「ウルリカ」「ユ・リ……」「ウルリカ」というやりとりをひたすら繰り返してしまったのは恥ずかしいですが、いい思い出です。ウルリカのブルーベリーパイ、本当においしかったなあ。

自力でアーキペラゴ

二度目のアーキペラゴは、スウェーデン第2の都市ヨーテボリで訪れました。南北に広がるヨーテボリの群島はストックホルムほど島の数もなく、「どこからどこまでが島なのか？」と難解な地形でもなく、フェリーの路線がわかりやすかったので、旅行者にとって挑戦しやすいアーキペラゴといえるでしょう。目指したのは南側の群島のひとつ、スティルソ。もともと軍事拠点だったことから、かつては外国人の立ち入りを禁止していた島ですが、現在はヨーロッパの旅行サイトやブログなどで隠れた名所として紹介されています。

今回は船着き場に迎えに来てくれる友人もいないので、島についてからどうなるのか、若干の不安もありました。スティルソをはじめ南側の群島は車両進入禁止となっており、島内の移動手段は自転車や荷台付きのカートのみ。はたして足でまわれるのか。天気もよかったので、ぜひ泳ごうと思っていたのですが、はたしてビーチにたどり着けるのか。

でも、それは杞憂《きゆう》でした。島の船着き場にはわかりやすい島内マップがありました。またヨーテボリの町の中心から乗った、フェリーの出る港へと向かうトラムのなかからすでに「この人たちは泳ぎに行くんだな」と思われる人がたくさんいて、下船した人の流れについていったら、無事、海水浴場にたどり着くことができました。船着き場の近くには、にぎわうカフェもあり、おなかがすいても大丈夫とわかってほっとひと安心しました。

ストックホルムで最初に訪れたヨハンの島は、居住者のための島だったんだなあと、スティルソを訪れてその違いがよくわかりました。アーキペラゴとひとくちに言っても島の大きさも違えば、インフラも違う。人が住んでいるか、バスが通っているか、お店があるかどうかもそれぞれ。緑豊かな島もあれば、岩が目立つ島もあります。

ムーミンの作者として知られるトーベ・ヤンソンは、著書『島暮らしの記録』に「島と総称されるものに名前はこと欠かない」と記しています。いわく、小島（ホルメ）、岩礁（シェール）、岩島（コッペ）、島（ハル）、絶壁島（クラシック）など。ヤンソン自身はクルーヴハルとよばれる島にサマーハウスを構えて晩年まで過ごしていますが、映像で見たその島は、木が一本もない岩礁のようでした。

ストックホルムにはクングスホルメンやシェップスホルメンといった島を意味す

る地名があって「そうでした、ここは島でした」と気づかされます。

スティルソの海水浴場はむきだしの岩盤だらけで、そういえば北欧って岩盤の上にある国だったなと思い出しました。ヘルシンキには岩をくり抜いて造られた教会があるし、ストックホルムの地下鉄は岩盤に描かれたアートが有名だし。スティルソの海岸沿いを見ると、岩盤の合間に昔ながらの赤い壁の小屋や、サマーハウスと思われる家々がぽつんぽつんと建っていました。

海に面した家を見ると、ヨハンのサマーハウスのようにやはり窓だらけで、温室のよう。島の自然は違っても、サマーハウスの様子は同じように見えました。

スティルソから帰るフェリーからは、ほかの海水浴場も見えました。6月初旬は夕方でもまだまだ日が高く、岩盤の上でひなたぼっこをしている人がたくさん。岩の上に寝っ転がっている様子は、なんだか岩場のアザラシとかペンギンのよう。日が照った岩場は蓄熱して温かいらしく、海水浴の後に岩盤浴なんて、それもいつか試してみたい。

群島の思い出とともにいつも胸によみがえるのはあのとき、「アーキペラゴにはは絶対に行ったほうがいいよ！」と声をかけてくれた人。はたしてわたしは、東京駅でスーツケースを持っている旅行者に、いきなり声をかけて自分のおすすめ場所を推すなんてことができるでしょうか。

でももし、声をかけやすそうな隙のある人を見つけたら、「下田の海はとてつもなく美しいぞ！」とか「会津の酒造は訪れて損はない！」とか、人生で一度くらいはそんなおせっかいもしてみたいものです。

美術館は、中庭がいい

コペンハーゲンの町なかにあるデザインミュージアムは、その名のとおりデザインと工芸品のための博物館。北欧の家具や照明などプロダクトデザインが好きな人なら、訪れること必至の場所です。

ウェグナーやフィン・ユールといった有名どころの椅子がずらりと並び、しかもプロトタイプや図案など名作椅子が生まれるまでの裏側も見られます。フィン・ユールが水彩で描いた椅子の設計図は、それ自体が作品のようですし、照明デザイナーのポール・ヘニングセンが、ピアノまで作っていたの!? など思いもつかなかった驚きもありました。

もともと病院だったという建物も雰囲気があります。改修を手がけたのは、デンマークのモダンデザインの父とよばれるコーア・クリント。館内を彩る照明はポール・ヘニングセンによるもので、いまは生産されていないクラシックなデザインもあります。そう、ここは北欧が誇るデザインが大集合する場所なのです。

併設のカフェには、いま展示で見てきたデザイナーによる椅子や照明が並んでいて、実際にそこに腰掛けてお茶を飲めるのも贅沢です。カフェからは、芝生が目にまぶしい中庭に出ることもできて、充実の展示を見たあとに思いがけないおまけがついていたよう。中庭では子どもがボール遊びをしていたり、奥には小さな舞台があって出し物の準備をしていたこともありました。ああ、これなら小さな子どもと一緒にカフェだけ利用してもいいし、気軽にデザインに近づけるのがいいなあと思ったものです。わたし自身も展示をゆっくり見る時間がなくても、ときどきここで休憩をするようになり、すっかりおまけのほうが主役になっています。

北欧を旅し始めてまもなく、一緒に行きたいという両親と旅をしたことがありました。フィンランドで合流して、スウェーデンでは別行動、デンマークでまた合流する行程で、先に帰国するわたしたちとコペンハーゲンで一緒に過ごせた時間はわずか一日半。さあどこを案内しようかと思案し、真っ先に思い浮かんだのがルイジアナ美術館でした。

「世界でもっとも美しい美術館」とも呼ばれるルイジアナですが、ここもまた庭が美しい場所。対岸にスウェーデンが見える海をのぞむ見晴らしのよい立地で、古い邸宅から50年代のモダニズム建築へと続く流れも、ガラス張りの廊下から中庭の彫刻が楽しめる仕掛けも見事です。

V字型に広がる建物が地下でつながり、じつは回廊式になっているのもおもしろく、順路に沿ってぐるりと進むだけでも、起伏のあるユニークな地形を感じることができます。

目を閉じて思い出すのは、子どもたちが庭の傾斜に寝そべって、下までごろごろと転がっていたこと、芝生の上で学生らしいグループがディスカッションをしていたこと。ベビーカーを押して、隣接する森へと消えていった家族。庭に点在する彫刻によじのぼってふざける子どもたち。庭の記憶ばかりです。そもそも庭が目当ての人も多いのでしょう。ここにいると、自分も彫刻によじのぼりたくなってきます。

ルイジアナといえばジャコメッティの彫刻が有名なのですが、ジャコメッティの展示部屋の手前には子ども向けの企画やワークショップが行われる棟があり、その裏手には、すべり台が隠されています。10メートルはあると思われる長いスロープで、途中で山なりに曲がっている箇所もあって、上から見るとまあまあの迫力。子どもの頃の自分がこんなのを見つけたら、何十回と繰り返しすべって「あともう1回」と親を困らせたことでしょう。いまはもう大人なので、1回で終わりにしておきましたが。

もうひとつまぶたに浮かぶのは、敷地内でもとくに見晴らしのいい場所にあるカフェテラスからの風景。テラスの先には風になびくモビール彫刻が置いてあり、海を背景に揺らめく様を見ていると、いくらでも過ごせそうです。

突然、通り雨に見舞われて、あわてて室内に逃げ込み、少ししてふと後ろを振り返ったら、海に大きな虹がかかっていました。海と虹と、ゆらゆら動く彫刻との思いがけない共演には息をのみました。さらに視線の先には、ひとつの傘をさして身を寄せ合うカップルの姿が。あれは世界でもっとも美しい美術館の、もっとも美しいシーンでした。

時間切れ必至の中庭

ルイジアナ美術館へ向かう道から、少し寄り道をして立ち寄れるオードロップゴー美術館に至っては、じつは中庭しか見たことがありません。ここの中庭には、フィン・ユールの自邸が移設されているのです。流れるようなラインを描く美しい椅子や家具を残したフィン・ユールですが、家は外から見ると拍子抜けするほど簡素。切妻屋根のなんということはない白い平屋です。

しかし玄関を入ってすぐ、「なんということはない」などと言った自分を思いきり恥じます。玄関から見るリビング、廊下の先に見えるキッチン、扉の向こうに見える隣の部屋の窓。うおお、すべてがつながっている！　部屋一つひとつで完結せずに、連続する部屋がおたがいに借景になっている。ものすごく計算されている。

ダイニングもリビングも書斎も、当然のことながらフィン・ユールの椅子、シェルフ、ソファが置かれています。静かで完璧な空間に、窓越しの緑が隙を与えているようでそれもまた素敵でした。移築する前は、窓からどんな景色が見えていたんでしょうね。

オードロップゴー美術館の広大な庭には、現代アーティストの作品もたくさん設置され、建築家の藤森照信《ふじもりてるのぶ》氏によるツリーハウス茶室をはじめ、のぼったり入ったりと体験できる展示もあります。

圧巻だったのは、2千本の竹ひごと登山ロープを使って組み立てられた立体迷路、というか巨大な鳥の巣のような作品です。竹ひごとロープに編まれた通路を進みながら、地上3階はありそうな高さまでのぼることができるのですが、入り口には「アート作品ですので、自己責任でどうぞ」との注意書き。揺れるし、きしむし、定員15名となっているのに、下でワイワイ声がしたかと思うとどんどんのぼってきて、あれ、いま15名以上いるのでは？　とヒヤヒヤ。作品のテーマだという秩序とカオスを、たしかに感じました。でも巣のてっぺんまで上がって、竹ひごの合間から見る中庭の景色はすばらしかった！　こうして、いつも庭を見るだけで時間切れになってしまうのです。

最後にもうひとつ、わたしの大好きな秘密の中庭について。オードロップゴーから西に少し行くと大きな湖があり、このバウスベア湖に面したソフィーンホルム美術館も美しい庭園を持っています。すり鉢状の地形には芝生が広がり、芝生越しに見える湖の景色がとても美しいのです。

わがデンマークの母はここを「小さなルイジアナ」とよび、こよなく愛しています。ルイジアナは世界に知られる著名な美術館ですが、地元の人にひっそりと愛される、小さなルイジアナも素敵です。

庭園内にはダリア園があって、晩夏にかけて咲きほこるダリアを楽しむのもよし、窓越しに庭を眺められるカフェでのんびり過ごすのもよし。あるとき、対岸から船が到着してたくさんの人が下船しているのを見て、対岸から水上バスが走っていることが判明。今度は湖からあの庭を眺めて、上陸してみたいと思っています。

森でトロールに会う

北欧のおみやげ屋さんにいる、お世辞にもかわいいとは言い難い、あの人形。あれはトロールといって、北欧の民間伝承に出てくる妖精のような存在です。

ノルウェーの絵本『三匹のやぎのがらがらどん』には、やぎたちを食べようとするおそろしいトロールが登場します。フィンランドのムーミンは「ムーミントロール」とよばれていますが、作者のトーベ・ヤンソンがサマーハウスのトイレに落書きしたというムーミンの原型となるイラストは、鼻がやたらに長くて、かわいいというよりも妖怪感が強く、トロール感があります。

そう、トロールは妖精というより、妖怪といったほうがしっくりくるかもしれません。山や森に住みついて、人間を食べるようなおそろしいトロールもいれば、小さくてちょっとかわいげのあるトロールもいます。暗い森の奥にいて、光が当たると岩になってしまうともいわれます。北欧に水木しげるセンセがいたら、北欧トロール図鑑をわかりやすく描いてくれたに違いありません。

デンマークの森に、トロールが隠れていると知ったのは偶然のことでした。「お酒を飲まずに楽しむコペンハーゲン」と題した海外の記事を読んでいたところ「しらふで楽しみたいアクティビティ」として紹介されていたのが、トロール・ハントでした。

廃材で作品を作るアーティスト、トーマス・ダンボ氏の作品でデンマーク各地の森や自然のなかに大きなトロールが隠されているというのです。……しかし、コペンハーゲンって、そんなに酒飲み観光客が多いのでしょうかね。ああ、そうでした。北欧5か国のなかでデンマークは唯一、お酒の販売に関する規制がゆるい。だから近隣国の人々が、国境を越えてお酒を買いにくるのでした。

トロールたちの居場所は、ダンボ氏のサイトやグーグルマップ上である程度、特定されています。見るとコペンハーゲン郊外にもたくさんいて、日本から直行便が到着するカストラップ空港の近隣にもいるとわかり、トロール・ハントに挑戦することにしました。

「大きな道からはけっして見えないよう、森の奥に隠れている」と伝わるダンボ氏のトロールたち。土地勘のない旅行者がはたして見つけられるのか。そんな不安もありましたが、トロールのいる森へと向かう道中には、美しい農場や乗馬クラブが見えて、何度も来ていた空港の近くにこんな場所があったんだなあと、これまでまったく知らなかった景色を楽しみながら向かっていきました。

森の手前まで車で来て、あとは地図を片手に森の奥へと徒歩で進んでいきます。町や住宅地からはだいぶ離れているというのに、サイクリングやジョギング、犬の散歩を楽しむ人ともすれ違いました。

北欧の森って、ふだんの暮らしと近いなあと思います。きのこ狩りやベリー摘みに行く、植物や生き物を見る……といった目的だけでなく、ジョギングや犬の散歩に出かける場所でもあるわけです。以前、スウェーデンの森をハイキングしていたら、木で造られたトレーニングマシンがいくつか置いてあったのには驚きました。筋トレもできるとは、北欧の森は、可能性が広い。

森のなかを進んでいくと、整然と小石が並べられている場所がありました。これは何かのサインに違いないと小石を追って道から外れて、木々のなかへ入っていきました。自然のなかで、明らかに人為的な、妙に整然としたものが現れるとドキッとするものですね。そして奥へ進むと、いました！　大きなトロールが。

正座するように座るトロール。両手のなかにはたくさんの石を持ち、それがこぼれるように道に続いていました。ああ、見つかって嬉しい。でも、ちょっと怖い。

これはたしかに、しらふじゃないと見つけられないでしょう。体力も持たないでしょう。何より、お酒が入った状態でこんなものに出くわしたら心臓が止まるかもしれません。がらがらどんのトロールや、おみやげ屋さんで見る人形ほど怖い顔はしていないし、どちらかといえばやさしい顔つきなんですが、やっぱり森のなかでこうして会うと、ちょっと怖い。

ヒュッゲとトロール

デンマークといえば、心休まるひとときを表す「ヒュッゲ」という言葉がよく知られています。デンマークの人にとって、ヒュッゲとはどんなものか。折りに触れて友人たちに尋ねているのですが、「家族とゆっくり過ごす時間」「温かな食べ物があるといい」「暖炉やキャンドルの炎」……といった要素にくわえて「外が嵐であるとか、寒い冬だとか、まわりに厳しい状況があるからこそ、ヒュッゲの時間がいきいきとする」と表現する人もいて、なるほどなと思いました。

この感覚をまさしく表しているのが「ウヒュッゲ」という言葉です。そう、ヒュッゲの反対語。いわく「暗闇からトロールや何者かに見られているような不安な状態」だそう。

そうか、君たちはヒュッゲに欠かせないものなのか、と森のなかでトロールを見上げてうまいことまとめようかと思いましたが、いや、それにしてはだいぶかわいいトロールでした。

帰国してから観た北欧のトレッキング番組で、デンマーク人のガイドさんが「デンマークの森は、甘いにおいがする」と話していたのを聞いて、そうだったかなあと思い出してみましたが、においの記憶はありませんでした。

体が覚えている森の思い出といえば、きのこ狩りをしながら歩いたフィンランドの森は苔が多くて思ったよりも地面がふかふかしていたとか、スウェーデンで歩いた森は岩がゴツゴツ飛び出していて足裏にきたとか、地面の感触ばかり。においの違いは意識したことがなかったなあ。

今度、森へトロールを探しに行くときは、どんなにおいがするか、甘いにおいがするのか、嗅覚を研ぎ澄ましてみましょう。鍛錬を積めば、そのうち目隠ししても「これはノルウェー北部の森である」などと利き酒ならぬ「利き森」ができるようになるでしょうか。それはともかく、トロール・ハントはしらふでどうぞ。

オーロラ運がなくっても

「オーロラを見るなら、どの国がおすすめですか？」
と聞かれたときは、なんとか言葉を返しつつも、いつも後ろめたさが残ります。
なぜならわたし、オーロラ運がないのです。

オーロラ取材で北極圏を訪れたこと、2回。それも1～2泊ではなく、それぞれ4泊はしたでしょうか。3泊もすると観られる確率がかなり上がるそうですが、4泊×2度でも全滅。フィンランドでも観測率がとくに高いといわれる町シルッカでは、山奥にあるイグルーにまで泊めてもらったというのに。

ガラスでできたイグルーは、オーロラを見たい人のための宿泊施設。こんなところにカップルで泊まったら、どんなにかロマンティックでしょうか。まわりには何もなく、二人だけの世界で、ベッドに寝転がってオーロラを見られるのですよ。なんという贅沢。しかし、オーロラが現れなかったらどうでしょう。何もない二人だけの部屋で、インターネットに明け暮れちゃったりして。こんな山の上の最上の空間で、わたしたちいったい何してるの、と喧嘩になっちゃったりして。いや、オーロラが現れなくても、二人だけの時間を楽しもうといい感じになっちゃったりして。

わたしはといえば、取材がうまく進まなかったときの常套句「2年後にはネタにできる!」を唱えていました。

オーロラが現れやすいスポットをバスでまわっていくツアーに参加したこともあります。これがまた、行く先、行く先、ぜーんぜん現れる気配がない。ご一緒していたカップルは新婚旅行でいらしていたとのことで、もしや自分のオーロラ運のなさが影響していたらどうしようと恐縮していました。

オーロラツアーでオーロラが見られなかったら、何か代替案はあるのだろうか。そんな疑問の答えを得ることができたのは、不幸中の幸いでしょう。そのときはフィンランドでスウェーデンとの国境近くをまわるツアーだったので、国境を歩いて渡る体験をさせてもらいました。国境となる川の上にかかる橋の途中に看板が立っていて、右側にはライオンの国章にSUOMI（フィンランド）、左には三つの王冠にSVERIGE（スウェーデン）と書いてありました。「わーい、左半身はフィンランド、右半身はスウェーデンだよ～」とふざけながら記念撮影できたのはいい思い出です（いつも代替案があるわけではない、と旅行会社の方は話していましたが）。

苦行の果てに見えた光

アイスランドの首都レイキャビクでも、オーロラが見えやすいスポットを船でめぐるツアーに参加しました。船の上は極寒なので、船内で用意されたスキーウェアを着込んで、オーロラが現れるのを待ちます。なかなか現れそうにない夜は、船上待機は大変なので暖かい船内で待ち、「まもなくオーロラスポットです」とアナウンスがあると、いそいそと船上に出ていくという流れ。しかし船上と船内を何往復しても、オーロラが現れる気配はまったくありませんでした。

船内には、アメリカ人と思われる団体が乗っていました。なぜアメリカ人と思ったかといえば、アクセントがアメリカ英語だったことと、とにかく彼らがずーっとしゃべっていたから。これ、旅の後に日本へ戻ったときにもよく思うのですが、北欧の町や人って基本的に静かなんですよね。もちろんよくしゃべる人はいるのですが、声の出し方が違うんでしょうか。子どもを叱っている親の声が静かで、静かなのに子どもが言うことを聞いていたので、どうなってるのか不思議に思ったこともあります。

ふだん北欧の映画やドラマばかり観て、たまにハリウッド映画を観ると、「こんなに騒がしかったっけ？」と感じることがあります。登場人物がひっきりなしにしゃべっている。たとえ凶悪犯に追い詰められて絶体絶命の局面でも、気の利いたジョークを口にして相棒と笑い合う。北欧映画ではまず観られないシーンです。

船のなかの彼らも、マシンガントークとはこのことかと思うようなしゃべりっぷり。このままオーロラが見られなかったら、この人たちもやっぱり何かジョークを言い合って爆笑するのだろうか、などと観察しながら、一向にオーロラが現れず苦行と化していくボートツアーで気をまぎらわしていました。

1時間ほどの航海でも、結局オーロラは見られず「わたしは本当にオーロラ運がないのだな」「これはもうオーロラは永遠に見られないライターとしてやっていくのがいいのではないか」などと自虐モードに入っていたのですが、船からの帰り道、ふと思いついて、町から車で15分ほどの海岸沿いへ向かいました。

町の光から離れ、真っ暗闇の車中で待つこと数十分。そうしたらなんと！　やっと空のかなたにオーロラが見えたのです！　うっすらとですが、ひらひらと闇のなかに浮かび上がる光の筋。写真で何度も見た光のカーテン、の裾のほうだけといった感じ。でも裾だけでもいい。すごーい。ばんざーい。

レイキャビクはシーズンになれば日常的にオーロラ観測ができる町。北欧各地それぞれにオーロラの名所がありますが、首都としては唯一の町なのです。オーロラがはっきりと見える日には、ネオンに輝く町の中心部からでもオーロラが観測できるそう。

そうそう、レイキャビクの町を歩いて驚いたのは、夜遅くでも電気がピカピカについたままの店が多いこと。「え、こんな時間でもまだ開いてるの？」と近づいて見ると、閉店している。人がいないのにこんなに電気をあかあかとつけているとは、さすが電力がありあまっている国。そんなピッカピカに光り輝く町のなかからでもオーロラが見られるのか、レイキャビクよ。ここならきっと、わたしのようにオーロラ運のない人でも見られるのではないか。

いつか、わたしも「バーで飲んだ帰り道に、ふと見上げたらオーロラが出ててさ!」なんてのたまえる日が来るかもしれません。

第5章

人と暮らしとおしゃべりと

ハグに見る北欧の国民性

「北欧とひと括りに言っても、それぞれのお国柄がありますよね？」
はい、そう思います。では国によってどのように違うのか？

フィンランド人はシャイで自虐的、スウェーデン人は公平が好きでお高くとまってる、ノルウェー人は素朴でスウェーデン人に憧れてる、デンマーク人は陽気でじつはオラオラ気質。デンマーク人とスウェーデン人はそれぞれに自分こそが北欧でいちばんと思っていて、北欧の人々はスウェーデンの悪口を言うと丸く収まる……これまでに聞いた北欧ジョークをまとめると、こんな感じでしょうか。アイスランド人については、たいてい「30万人しかいないからね」と人口ネタが多く、人柄についてはあまり触れられていません。さて真実はいかに。

あるとき、スウェーデンの友人とこんな会話を交わしたことがありました。

「ハグって普通にしていいもの？」

ハグ＝抱擁。挨拶代わりにぎゅっとする、あれ。各国首脳の会談などでもよく見る、あれ。親愛の情を示す、あれです。

わたしにとって人生初めての海外は、学生時代のアメリカ留学でした。お辞儀の国から、ひたすら陽気なハグの国を訪れて、海外ではハグするのが当然という刷り込みができていました。さらにいえば、わたしと北欧との大きな接点であるスウィングダンスは、アメリカ発祥のペアダンス。ダンスに陰キャとか陽キャがあるならば確実に陽キャに属するダンスであり、スウェーデンでも、ダンスフロアで仲良くなった人、一緒に習ったクラスメートや先生とはハグするのがあたりまえ……。そう思っていました。

しかし、旅をするうちに「もしかして、そんなにあたりまえにハグするものでもないのだろうか？」と疑問が湧いてきたのです。

会話の相手である友人はダンスのインストラクターとして、スウェーデン国内外を旅した経験があり、近隣の北欧の国々も訪れています。そんな彼女からは、

「うーん、それ難しい問題。迷うところだね」

と、驚きの答えが戻ってきました。え、迷うの？　現地の人でもそうなのですか。

「フィンランド人は、まずしないよねー」

「デンマークでは、普通にするよね」

ここまでは意見が合ったのですが、

「スウェーデン人はね、相手次第なんだよね」

相手次第！　たしかにそうだ、そうでした。

わあ、ひさしぶり！　と再会するや、さっと両手を広げてくれる人もいるのですが、おしゃべりして楽しく時間を過ごし、ではまたね！　ぜひ日本にも来てね！　などと挨拶を交わした後に、一瞬の間がある。ハグ……する？　しないどく？　一瞬の間の後に「……って、そりゃあハグしますよねー！」と抱擁を交わすこともあ

れば、「……しませんよね。そんな間柄じゃありませんもんね」と終わることもある。あれはお互いに探り合っていたのか、なるほど。

ノルウェー人もわりとそのような感じらしいのですが、当然、世代や属する環境でも違うとのこと。わたしの体験を思い返すと、コーヒー業界や飲食業界のみんなとはハグ。普通にハグ。でもビンテージショップの店主となると……様子を探っていたような。

おもしろいから、もう少し調査を進めてみることにします。

蚤の市、値切っていいのか問題

北欧の食器や雑貨好きにとって蚤の市は外せない場所。さて、蚤の市に関してよく聞かれる質問が、これ。

「北欧の蚤の市では値切ってよいものか？」

蚤の市といえば値切るもの。直接、売り主とやりとりできるのが蚤の市のおもしろいところ、値切り交渉も蚤の市の醍醐味《だいごみ》のうち……そんな考え方は、はたして北欧でも通じるのでしょうか？

かつてパリの有名な蚤の市クリニャンクールに行ったときのこと。近くで買い物をしていた人が、いきなり半額もの値引きを持ちかけていて「強気だな！」と横目に見ていたら、売り主があっさりとOKを出していて「そもそもの値付けが、ふっかけてるのね……」と思ったものでした。

半額まではいかないまでも、蚤の市といえば端数切り捨てはあたりまえ、1〜2割くらいは値引きしてくれるもの。言い値で買っちゃダメよ。そんな考えを持っていたわたしですが、初めて訪れたフィンランドの蚤の市で、「これ、ちょっと値引きしてもらえます……？」ともちかけたところ、「いいえ、これはわたしが考える正しい価格です。よって一切の値引きはナシ！（キッパリ）」と毅然とした態度で応じられたことがありました。

このキッパリとした態度にその後も何度か遭遇し、なるほどそうですよね、と納得しました。じつにフィンランドらしい。「値引きOK？」とは、言外に「ちょっと盛ってますよね？」と聞いているようなもの、なのかもしれない。

たとえば8ユーロと15ユーロと、20ユーロだから……合計43ユーロのところ、40ユーロでどうですか、とまとめ買いで端数切り捨てくらいなら聞いてみたりします。

そして成功することもあります。強気なパリジェンヌなら30ユーロ、なんなら20ユーロでどう？　と言うかもしれませんし、言うのはタダ、ダメ元で言ってみてもいいじゃないか……という気もするのですが、北欧においてはこのダメ元があまりよろしくない気がしています。「あーた、ふっかけてますよね？」と聞いてるような気がしてしまいます。

相手次第、雰囲気次第ではあるのですが、基本的にはあなたがつけた値段を尊重します、というつもりで買い物をしています。

マリメッコは値下げしない？

ヘルシンキで年に2回開催されているクリーニングデイというイベントがあります。家の中の不用品を売ったり譲ったりして、家を、町を、クリーニングしちゃいましょうという催し。要するに蚤の市なのですが、町じゅうでいっせいにやろう！とよびかけているのがおもしろいところ。この日は町を歩けば公園や広場で、カフェやショップの一角で、住宅街の中庭で、はたまた道の途中など、至るところで蚤の市が出店されているのです。

家庭の不用品をなくすのが主目的ですから、並ぶ商品は玉石混交、しかし、そこはやはりフィンランド。アラビアのビンテージ食器にイッタラのガラスオブジェ、マリメッコやムーミン物も多くて、見てまわるだけでも楽しいもの。使い込まれすぎたアラビアのお皿、ムーミン（のようなもの）が刺繍された靴下など、フィンランドでしか会えないであろう物がたくさんあります。

みんな大好きマリメッコに至っては新品からビンテージまで、それはそれはたくさん並んでいます。最新シーズンのデザインもあれば、「made in Finland」マークの入ったオールドマリメッコまでさまざま。ビンテージ好きのわたしにはやはり古い時代のマリメッコが目に留まるのですが、同行していた夫は新品のヨカポイカのシャツを購入。

ヨカポイカといえばマリメッコ不朽の名作で、手描きでデザインされたストライプが魅力のシャツです。男女兼用で、フィンランドを歩いていると老若男女さまざまにヨカポイカを着た人々とすれ違います。なかでもおじいちゃんたちが素敵なんですよね。

ネオンカラーのような黄色やグリーン、ピンク、オレンジなど派手めな色のヨカポイカを着たフィンランドのおじいちゃんたちは、フィンランドでしか見られないマリメッコ、かもしれません。アディダスとのコラボなどで日本でも男性がマリメッコを着ているのを見るようになりましたが、高齢の男性が着ているところはまだあまり見かけません。おじいちゃんこそ、ヨカポイカが似合いそうなのに。

さて夫が買ったヨカポイカですが、ついていたお値段は60ユーロ。日本で定価で買うと3万円以上はするので、お買得といえるのですが、蚤の市で聞くと「うっ!」と一瞬ひるむ価格です。

そう、フィンランドの蚤の市におけるマリメッコの値付けはかなり強気です。えっ、このエコバッグで15ユーロ? そんなに着古したTシャツが30ユーロ? いやちょっとそれ高いでしょ、蚤の市なのに。しかし強気。まけない。1ユーロもまけない。この値段で売れないなら売らないからいい!! との強い意志を感じます。

ちなみに夫が買ったヨカポイカも、1ユーロもまけてくれませんでした。

自国ブランドへの愛が深いのは他国も同じで、デンマークならロイヤルコペンハーゲン、スウェーデンではグスタフスベリやロールストランド、ノルウェーではキャサリンホルムやフィッギオといった本国自慢の製品は強気の値付けが多いです。なので、隣国のほうが安く見つかることが多いです（北欧蚤の市の豆知識）。

「いやーマリメッコはまけないねー」と再認識しながら歩いていたクリーニングデイで、ふと目に入ったのがオールドマリメッコのスモック。おおお、これはアンニカ・リマラのデザインではないですか。

マリメッコといえばウニッコ柄で広く知られるデザイナー、マイヤ・イソラと彼女のデザインがとりわけ有名ですが、服に仕立てられた際に柄の活き方がよくわかっているデザイナー、それがアンニカ・リマラです。しかもオールドマリメッコならではの発色の美しさ。サイズはLサイズと明らかに大きかったのですがスモックタイプだし、着こなせそう！　しかしビンテージでこの柄、お高いに違いない……とおそるおそる値段を聞いてみたところ、なんと40ユーロ。なんと良心的！

と舞い上がったのもつかの間、ポケットの中には30ユーロしかありませんでした。蚤の市あるある、だー。

クレジットカード大国の北欧では、キャンディひとつ買うのでもカードを使って嫌な顔はされません。最近は「キャッシュお断り」のお店もあるくらいで、年々現金を使う場面は減っています。そんななか、現金を必要とするほぼ唯一の状況といってもいいのが蚤の市なのです。

以前もあったのです。アラビア社のビンテージで人気の高い『コスモス』シリーズのカップ&ソーサーが、6客だったか8客だったかセットで20ユーロ！　破格！　即決！　と買おうとしたら、10ユーロしか持っていなかったことが。こんな叩き売りある〜？　ラッキーすぎる〜と小躍りした直後に涙をのんだことが。お金をおろしに行くだけの時間の余裕もなく、とぼとぼと去るしかなかったことが。

いまどきは地元の人々はもっぱら、個人間で送金できるモバイルペイを利用しているようですが、旅行者にはそれが使えません。だから蚤の市に行くには現金が必須。わかっているのに年々、現金を使うシチュエーションは減っているし、為替も考えると、あまり余分に現金をおろしたくないし、それにフィンランド以外の北欧の国ではユーロは使わないしなあ……とかなんとか、消極的な姿勢でいたために、ポケットのなかには30ユーロしかなかったのです。仕方がないので、正直に伝えました。

「欲しいけど、ポケットに30ユーロしかありません。旅行者なので、モバイルペイが使えないの」

事情を理解した売り主さん、「オッケー、30ユーロでいいよ!」とあっさり即答。うおお、まさかの交渉成立。マリメッコなのに。こんなにいいモノなのに。

かくしてアンニカ・リマラデザインの素敵なスモックは、「マリメッコなのに気前よくまけてくれた」奇跡的なストーリーとともにわたしの物となったのでした。

じつはだいぶ前ですが、以前も一度こんなことがありました。ノルウェーの蚤の市でひと目惚れした、キャサリンホルムの琺瑯《ほうろう》の手鍋。なかなかのお値段ながら一向にまけてくれる気配はなく、他のお店をまわって買い物をするうちに現金が足りなくなってしまった。
戻ってきたら、まだ商品は売れていなくて、むう……と後ろ髪をひかれていたところ、店主が話しかけてくれたので「手持ちが、もうこれしかないっ！」と正直に伝えたら、まけてくれた！

こんな経験をすると、わたしのなかにいるもうひとりのずる賢いわたしが「だったら、手持ちがこれしかない作戦で、いつも値切ればいいのに」と囁《ささや》くのですが、それをやったらもう、奇跡は起こらなくなりそうです。やっぱり正直に、真っ向勝負。これがきっといちばんです。

猫が支配する町

アイスランドの首都レイキャビクは、猫の町です。町を歩けば、猫がいる。そして、町を歩く猫たちはたいていフレンドリー。写真を撮っていると、ぐいぐい寄ってきて、喉や耳の後ろをスリスリさせてくれるコもいれば、お尻をぽんぽんさせてくれるコもいて、誰でもたちまち岩合光昭《いわごうみつあき》さんごっこができる、そんな町なのです。

静かな住宅街だけでなく、繁華街でも猫たちにばったり出くわします。レイキャビクきってのにぎわいを見せるロイガベーグルとよばれるメインストリートでも、たびたび猫に遭遇しました。

ロイガベーグル通りのロイガとは温泉のこと。そう、アイスランドは地熱の国で温泉や温水プールがあちこちにあるのですが、かつてレイキャビクの女性たちが洗濯物を持って温泉に向かった道ということから、その名が付けられたそうです。

現在は洒落たベーカリーカフェや、アイスランドラムがおいしいレストラン、アメリカンなバー、おみやげショップにデザインショップが並び、そのまま歩いていくと大統領官邸にたどり着くというレイキャビクの心臓のようなロイガベーグル通り。東京でいったら表参道か、銀座か。そんな通りでも道を歩く猫に出くわしてしまう、それがレイキャビクなのです。


ロイガベーグル通りのおみやげ店にふらりと入ったら、マネキンの足元に敷かれた絨毯で、ミルクティ色の猫が前足をひたすらフミフミさせていました。ひとしきりやり終えたら、ごろりと寝転んでうたたねをしていたので、お店の人に「かわいいですねえ」と話しかけたら、「よく来るんですよ」と返ってきてびっくり。ええ！この店の猫じゃないんですか！

地域猫なのかと尋ねたところ、この町にいる猫たちはみな誰かの飼い猫として登録されていて、そのうえで町を自由に行き来しているそうなのです。

そんなレイキャビクでいちばんの有名猫といえば、バクトゥス君です。インスタグラムのアカウントのフォロワー数は現在1万4千人。わたしがバクトゥス君を初めて見たのはやはり繁華街にあるおみやげ店で、入口のマットの上に悠々と寝ていました。次に見たときも同じ店で、商品であるブランケットの上で熟睡していたので、てっきり店の看板猫だと思いこんでいましたが、向かいの古着屋の猫と判明。値札がついたブランケットにはバクトゥス君の毛がたくさんついていましたが、お店の人もお客も大して気にしていない様子でした。

猫の楽園といえば、ギリシャや地中海のマルタ島が知られます。気候が温暖で、魚もよく獲れそうな土地柄であれば、さもありなんと納得できますが、まさか氷の国アイスランドに、世界最北の都市レイキャビクに、猫の楽園があったとは驚きでした。雪の降る日はさすがに出歩かないだろうと思っていたら、それがいたんですよね（普段よりはさすがに道で見ることは少なかったですが）。レイキャビクの猫たちはたくましい！

北欧でも都市部では近年、猫は室内のみで飼うことが定着してきているようですが、一方で猫は外に出て猫らしくふるまうのがいい、との意見も根強くあります。

デンマークのコペンハーゲンにあるテラスハウス式集合住宅で暮らす友人の家には、よくお隣さんの猫サリーが遊びに来ます。数軒先に暮らす猫のチャーリーも顔見知りで、共用の洗濯物干し場にいたら、スリスリと寄ってきてたっぷりと撫でさせてくれました。飼い主が旅に出たり留守にするときは、ご近所同士でお互いに面倒をみていると聞いて、地域のつながりが猫の存在で深まっているようにも思えました。


レイキャビクでおみやげにと買ってきた、猫のイラストのポストカードを見ると「Cat rules the town」との言葉が添えられていました。猫が支配する町、レイキャビク。

わたしも猫を飼っているので「猫にとってのしあわせな暮らし方とは」とよく考えるのですが、レイキャビクの町で猫たちが自由気ままに道を行く姿は、変わらないでほしいと思わずにいられないのです。

ノルウェー人、いい人伝説

ノルウェー人、いい人伝説は2005年、初めての北欧旅行でたった2日だけ滞在した首都オスロから始まりました。ヘルシンキ、ストックホルム、コペンハーゲンといった他国の首都と違って、どこに行ったらよいのかわからずほぼノープランで乗り込んだのがオスロの町。なぜ訪れたのかといえば、とあるプロダクトデザイナーに会ってみたかったのです。北欧に興味を持ち始め、毎号読んでいた『北欧スタイル』で取り上げられていたデザイングループに興味を持ち、叶うならインタビューがしてみたいと申し込んだところ、あっさりと快諾してくれたのでした。

何しろオスロに関しては旅情報が少ない。「北欧デザインをめぐる旅」といった雑誌の特集で取り上げられるのはデンマーク、フィンランド、スウェーデンの3国。

おいしい菓子パンが食べられるカフェ、憧れの名品が買えるビンテージショップ、ぜひ訪れたいデザインスポット……そうした街歩き情報は3都市についてはあるものの、オスロはない。ナッシング。

いまでこそ「じつはノルウェーのデザインもいいぞ」と認識されるようになってきましたが、当時のノルウェーはデザインの国としてカウントされていませんでした。ノルウェーが紹介されるのは美しい港町のベルゲンとか、フィヨルド鉄道とか、山とか海とか壮大な自然ばかり。首都オスロといえば、経由地扱い。あとはムンク美術館くらいかな。そうそう、わたしが初めてオスロを訪れた年はムンクの作品が盗難にあっていて、ニュースになっていましたね。

そんなわけでオスロ中央駅に着いて、まず駅構内のインフォメーションセンターへ向かいました。まだグーグルマップもない時代というのに、わたしはオスロの地図すら持っていなかったのです。オスロの地図のためだけに『地球の歩き方』を買いたくなかったのです……。もとい、インフォメーションセンターです。そこで対応してくれた方は、おそらくわたしが初めて会話を交わしたであろうノルウェー人。

その方がいい人1号でした。「地図？　はい、これ。裏に中心部の拡大地図があります。どこに行くか決まってますか？　デザイン事務所？　住所は？　ああ、これならバスですね。駅を出て、この先の道から出てるバスが近くまで行きますね！」と地図に丸をしながら、大きな笑顔で教えてくれました。

オスロの前に訪れていたストックホルムやヘルシンキで立ち寄ったインフォメーションセンターでも、みな親切にあれこれとアドバイスしてくれたのですが、こんな満面の笑顔はひさしぶりに見たので心に染みました。あれからもう18年が経ちますが、対応してくれた彼の笑顔はいまも思い出せます（細かい部分はちょっとぼやけてきましたが）。

無表情ながら手助けしてくれる人、ぜんぜん顔が笑ってないけどジョークを言いながら親切にしてくれた人、北欧的ともいえるやさしさには折々で触れていたのですが、満面の笑顔はひさしぶり！　だからじわーっと染みたのです。

そして教えられるままに向かったバス停で、またひとつ伝説が生まれます。正確にはこのときの体験こそが「ノルウェー人、いい人」伝説が始まった瞬間といっていいでしょう。

目指していたバス停に、ちょうどバスが停まっていました。「あれだね〜」と歩いていたら、間もなく発車しそうな気配です！　夫と二人で慌てて走ってバスに駆け込みました。「よかった、間に合ったね」とインフォメーションセンターの彼からもらった地図を片手に話していたわたしたちを、バスの運転手さんが引き止めました。

「ねえねえ、君たち」。あれ、何かまずかったかな？　乗車カードは見せたはずだけど？　前方ドアから乗ったらまずかったのかな、何かローカルなバスのルールを無視してしまったのだろうか……と、うろたえていると「手に持ってるのは地図、だよね。旅行者だね？　どこに行きたいの？」と尋ねられました。「あのーここの住所に行こうと思ってるのですが……」と見せると、「ああ、ここだったら、このバスも近くまで行くけど、この先に停まってる、ほら、あのバスのほうがもっと近い場所まで行くよ。じゃ、あそこまで乗せていってあげよう」といってバスを発車させ、わずか15メートルくらいでしょうか、前方に停まっていた車両の後ろまでバスを走らせて停車しました。扉が開いて「ほらあのバスだよ。よい旅を！」と、わたしたちはまたしても満面の笑みで送り出されたのでした。

いま起きたことは、いったいなんだったのだろうと、バスを降りながら思いました。旅先でバスに乗るときには用心して「ここの停留所、止まりますか？」と尋ねることは多く、乗ろうとしたバスが間違ってると、運転手さんに指摘されることはそれまでにもありました。しかし、今回はインフォメーションセンターで教えてもらったばかりで、乗車時にこちらからとくに尋ねもしなかったというのに。地図を持っているわたしたちを「あっちのバスのほうがさらにいいよ」と、バス停までバスで送ってくれるなんて……。ノルウェー人、どんだけ親切なの⁉　と、あっけにとられてしまいました。あのときの運転手さん、もしかして天使だったかな？

わんことフェリーと、ノルウェー人

その後、無事訪れることのできたデザイン事務所のメンバーもみんな親切だったし、帰りに乗ったタクシーの運転手さんも親切でした。すごいなノルウェー人、会う人会う人、みんないい人だな、いい人スタンプカードがあったら、あっという間にたまりそうだな。そんなことを思いながらノープランで迎えたオスロ滞在の残り時間は、デザイン事務所のみんなが「ここだけは行っておけ」と教えてくれたビグドイという地域を訪れることにしました。

ヴァイキング船博物館やノルウェー民俗博物館などノルウェーの歴史や暮らしや、ノルウェーらしさを感じられる博物館がいくつもあるエリアです。オスロの西側の突き出た半島にあり、町の中心街とはフェリーで行き来することもできます。

こんな晴れた日にフェリーも気持ちよさそうだねえ！　と帰り道は乗ることにしたのですが、観光シーズンの7月ということもあって、ビグドイ地域は人出も多く、フェリーもあっという間に満席になりました。かろうじて空いていたベンチ席に腰掛けていると、小さなトートバッグに犬を2匹入れた男性が隣に腰掛けました。

「あっ！　さっきの人！」

その男性は、フェリーに乗る前にビグドイを散策していたときに、ベンチに腰掛けていたのです。トートバッグから顔を出した2匹のダックスフントとそれを抱える大柄の男性という取り合わせが愛らしすぎて、彼らの背後にそびえ立つフラム号博物館の写真を撮るふりをして、画面のすみに男性と犬もこっそり写していたので

した。

わたしの横に座った男性は、フェリーで海の景色を撮っていた夫に「サンヨーだね！　サンヨーはいいよねえ。僕も持ってるんだよ」と気さくに話しかけてきました。「犬、とってもかわいいですね」と話しかけると「こっちは臆病なんだけど、この子は気が強いんだよね」と教えてくれました。双子のようなダックスちゃんたち、たしかに1匹は大人しくバッグに入ったまま、もう1匹は足元に降りてほかの乗客を偵察中。心なしか目元も鋭く見えました。

偶然隣り合った人とこんなふうに気さくに会話をするのも、北欧に来てから初めてのことでした。バスや電車に乗るときは「席が空いていれば、できるだけ隣には座らないほうがいい」、並ぶときは「一定の距離をあけること」など、日本ともどこか通じる北欧ルールがある、とは耳にしていました。たしかにそういう場面もありました。

てっきりそういうものだと思っていたのですが、ノルウェーはそうじゃないのか。たまたまこの人がそうなのか。フェリーが混んでいるからか。真実はともかく、かわいいわんこ2匹の思い出とともに、またしてもいい人スタンプが増えたのでした。

こうしてわたしの初めてのノルウェー旅行は、ほぼノープランにもかかわらずいい人々に恵まれて、とても感じよく終わったのでした。

スウェーデン人はおそろしい

ノルウェー人、いい人伝説はこれでは終わりませんでした。年末年始を祝うダンスイベントに参加したくて、2007年の冬にストックホルム旅をしたときのことです。イベントのハイライトは、12月31日の年越しパーティ。それまでの夜のパーティは、町の中心街にあるカジュアルなクラブやダンスホールで開催されていたのですが、31日の夜だけは違いました。

とっておきのおしゃれをして、とっておきの生バンドの演奏で夜通し踊るダンスパーティ。プロのダンサーたちのパフォーマンスあり、カウントダウンあり。世界中からダンサーが集まる夢のダンスフロア。そんなビッグナイトが開催されたのは、めちゃくちゃ不便な場所だったのです。

滞在していた町なかのホテルからまず地下鉄に乗って、そこからフェリーに乗って行かなければいけない、そんな場所。観光局でもらう地図では見切れている場所。いまでこそ「あーあの辺りか」と見当もつきますが、3回目のストックホルムとはいえ、まだまだ不慣れな旅行者が自力で行くにはなかなかに心細い場所でした。しかもパーティのメインの催しが終わるのは当然、カウントダウン後。真夜中です。いや早朝か。フェリーもバスも走っていない時間だ……。

でもイベントのサイトには「パーティの後は、会場からストックホルム中心部までの貸し切りバスを走らせます」とあったので安心していました。それがそう簡単には帰れなかったのですが……。

年越しのカウントダウンも終わり、時刻も2時を過ぎた頃でしょうか。主催者が突然マイクでアナウンスを始めました。「町の中心部へ行くバスは準備していますが、乗りたい人全員が乗れるかわかりません」……ええ⁉ とざわめくダンスフロアに畳み掛けるように「公共交通のバスはこの時間は走っていません。確実に帰りたい人は、早めにバスに乗る準備を」。えええ、なんですか、その突き放した案内は！ そしてこのアナウンスにおける最大の衝撃は、バスが何時に会場を出発するか、どこから出発するのかをきちんと言わなかったことです（たぶん主催者もわかっていなかったようです）。

それまで踊りふけっていたダンサーたちの間に広がるどよめきと動揺。そわそわと帰り支度を始める人。いや、しかし何時にバスが出るんだ⁇　3時か？　4時か？　それとも朝⁇　気持ちに余裕があれば「スウェーデン人、どれだけ適当なんだ！」と悪態をつくところですが、文字どおり右も左もわからない、フェリーではるばるやってきた島に夜中に取り残される、そのおそろしさに頭はフリーズ。

何としてもバスに乗らなければ。何しろ主催が準備するバスで帰るつもり満々だったので公共交通での帰り方は調べておらず、いまのようにグーグルマップもない。はたして朝になればバスやフェリーで帰れるのか？　いや、それまで粘れるのか。ホテルに帰りたいよー！　もはや踊っている場合ではない、準備されたバスに乗らなければ‼　との思いで早々にダンスフロアを退散し、バスが出る（と思われる）方向へ、人々の流れに沿って歩きました。

急なアナウンスに驚いていたのはわたしたちだけではありませんでした。海外からのダンサーも多数参加していたイベントなので、程度の差こそあれみんな不慣れな場所なのでしょう。ストックホルム周辺に住んで車で来ていた人以外はみんな動揺しているような状態でした。そりゃそうです。もしや肝心なことを聞き逃しているのではと周囲の人々に聞いてみても、やはりみんなバスはいつ出発するのか、どこからでるのかわからない様子。

会場エントランス付近でざわざわと不穏な空気に包まれるなか、どうやら3時頃にはバスが、この辺りから出発するらしいとの情報を得ました。そのとき、背の高い男性に「あの、バスの情報について、何か知ってますか？」と話しかけられました。依然として情報を掴めずに会場付近をうろうろ不安そうに歩く人も多いなか、わかる限りの情報を伝えたところ、「どうもありがとう！ どこから参加ですか？」と少し言葉を交わし、彼がパートナーと一緒にノルウェーから参加していると知りました。

その後、間もなくバスがやってくるとの情報が流れ、ここで待っている人は全員乗れるのか？ それにしてもバスはどこから出るのか？ といまだ不安に包まれ暴動でも起こりそうなイライラムードが充満するなか、先ほどのノルウェーの彼が「親切な日本のダンサーさん。バスはこの広場の裏手に停まるみたいだから、一緒に行きませんか？」と声をかけてくれました。ノルウェー人、いい人伝説ふたたび――!! 誰しも不安ななか、われ先にとバスを目指す人のなかで、「一緒に行きましょう」の言葉がどれほど染みたか……親切なのはアンタや……。

歩きながら思わず「あのー、ノルウェーの人っていい人が多いですね。わたし、ノルウェー人のいい人リストを作れるくらい、ノルウェーの人に助けられてます」と伝えました。「ノルウェー人、いい人。スウェーデン人、おそろしい」と冗談を言って笑いながら、わたしたちも彼らも無事、バスに乗ることができました。

いい人伝説はつづく

じつはこのときに出会ったノルウェー人カップル、アルフとエリとはその後もご縁がありました。彼らが日本を旅しに来ていたときに再会し、「次にオスロに来るときにはうちに泊まれるよ」と言ってくれたので、２０１１年の秋に本当にオスロでお世話になることにしたのです。

２０１１年7月22日、ノルウェーでおそろしい事件が起きました。オスロ北西部にあるウトヤ島での銃乱射と、オスロ中心部にある政府庁舎での爆弾テロにより92名が命を落としたのです。ニュースを見てすぐにアルフにメッセージを送りました。彼らの無事を知りたかったのと、いろいろ大変だろうから9月の旅の宿泊についてはとりやめでいい、わたしたちのことは気にしなくていいと伝えたかったのです。アルフからすぐ返信があって「僕らは無事だし、予定どおり泊まっていいよ」と書いてありました。

9月になって予定どおりオスロを訪れました。オスロの町にゆっくりと滞在したのはこのときが初めて。『北欧のおいしい時間』という本の制作が控えていて、カフェやレストランを巡るのが主で、アルフたちとも外食をして楽しみました。テロのあった政府庁舎周辺ではトラムの路線が変更されていたりと、まだ生々しい傷跡を感じながら、オスロの街を歩きました。

最後の夜は「ぜひノルウェーの伝統料理でもてなしたい」とアルフからの申し出があり、クリスマスの定番であり、ピンネショットと呼ばれる羊肉のグリルを作ってくれることになりました。

当日の朝のことでした。いつも真顔で冗談を言ってわたしたちを笑わせていたアルフがめずらしく「ちょっといいかな」と真面目な面持ちで話し始めました。「今日のホームパーティに、弟と、あと義姉も招いてるんだ。あのね、僕の兄はこの間のテロで亡くなったんだ。政府庁舎で働いていて、犠牲者のひとりになった。義姉は間もなく子どもが生まれるんだけど、一緒にどうかなって思って」と伝えられました。

ああ。アルフたちが無事でも、彼らの大切な人まで無事だったわけじゃない。7月22日のあの日、アルフのメールを読んで「ああよかった」と安易にホッとした自分の浅はかさを呪いたくなりました。

あまりのことに言葉を失ってエリのほうを見ると「あなたたちに知らせておきたいって思ったの。アルフとそうしようって」と言われました。今回の旅の途中、アルフやエリと時折、夜になんということもないおしゃべりをしていて、田舎のおばあちゃんの家で兄弟たちと過ごしたときの話など、家族のこともちらちら聞いていました。お兄ちゃんと弟がいるんだ、仲がいいんだね、と話していたのに。

その日の夕方は、エリにところどころ叱られながらもせっせと料理にいそしむアルフと、一緒に準備をしてゲストを迎えました。骨つきの羊肉をキャンプファイヤーの薪のように重ねて焼いたピンネショットは無事焼き上がり、「せっかくだからこれを開けよう！」と昨年からとっておいたというクリスマス限定のビールも開け、まだ夏の気配が残る9月の夜にクリスマスの食卓を楽しみました。

食後はソファに移動してお酒を飲みながらおしゃべりを楽しんでいたところ、小学校の先生をしているアルフの弟が「体罰禁止ってやっぱり理想論で、現場の僕たちにとっては途方にくれることもある。本当にそれでやれるのか、ってね」と話し始めました。ノルウェーでは１９８７年に体罰が禁止されています。小さな子どもに言葉だけでいけないことを教えるのは難しい、と話す弟に義姉の彼女は、

「でもね、暴力はダメ。暴力は絶対にいけない」

と、静かに返しました。

テロの後、当時のストルテンベルグ首相は悲劇によって民主主義が屈しないこと、開かれた寛容なノルウェー社会が維持されることを信じていると話しました。当時、さまざまな報道を追うなかで、「寛容な社会であれ」という姿勢が、遺族を追いつ

めているという話も聞きました。
ノルウェーではどんな重罪を犯しても、刑期は21年までと決まっています。でもあまりにも凶悪な事件が起こったことで、そうした法律を見直し死刑を復活させるべきという議論も起こっていると知りました。犯人にもっと強い裁きを下すべきだと思う気持ちを「ノルウェーらしく寛容であれ」という圧力が抑えつけているのではないか、という論調もあったそうです。

あの日、どうしてアルフはわたしたちと一緒にホームパーティをしてくれたんだろう、といまも7月になると思い返します。あの場に、一緒に居させてくれたのはどうしてだろう、と。ホームパーティはもともとするつもりだったのかなあ、それとも。

たぶんアルフは分けてくれたのかな、とわたしは思っています。楽しい団らんだけじゃない、悲しみもある家族の時間を。あれから12年が経ちましたが、あの日の時間を、何度も思い返しています。さまざまな立場とか、言い分とか、そういうものがあったとしても

「暴力はいけない」

と、一切の余地を入れずに伝えた彼女のことを。

4年ぶりの北欧で、したいこと

2023年5月24日。ついにコペンハーゲンのカストラップ空港に降り立ったときには、涙ぐんでしまいました。入国審査を抜けた後、目の前に広がる木のフロアを見て「やっぱりカストラップは美しいなあ」と安堵のため息をつきました。2005年以来、毎年のように見ていた光景を、やっと4年ぶりに見ることができたのでした。

2022年の後半あたりから、海外へ旅立つ人が増えてきている気配は感じていました。わたしも来年こそは行けるかな、と思いながら、旅をしないで家にいるのにずいぶん慣れてしまって、重い腰を持ち上げるのが億劫だったのも正直なところ。ええと何から計画したら、いいんだっけ。航空券、宿泊場所、どの国、どの町に行く？　……そもそも、わたしは北欧へ何をしに行きたいんだっけ？

友人に会いたい。これはもう、最優先。

蚤の市に行きたい。5月末といえば大規模な蚤の市もやっているし。

でも、ひさしぶりの旅だから、無理しすぎずにリフレッシュしたい。

……じゃあ、サウナめぐりなんかどうかな？

そうして決めた旅程は、スウェーデンの港町ヨーテボリで大きな蚤の市を訪れて、そこから海岸沿いにサウナに立ち寄りながら南下して、マルメに暮らす友人を訪れて数日過ごし、最後にコペンハーゲンに暮らす「デンマークの母」と慕う友人宅に滞在させてもらう、というもの。飛行機と電車でまわることもできるルートだけれど、時間に追われずに旅できるようにと、レンタカーでまわることになりました。

5月末のスウェーデンは菜の花の時期。ヨーテボリを目指す道の途中は、辺り一面に黄色い菜の花畑が広がっていました。道路から見えた小さな池にはガチョウが数羽見えて、ああ、ニルスの国に戻ってきたなと、ほろり（子どもの頃に好きだった『ニルスの不思議な旅』はスウェーデンのお話です）。もはや、目に入るものすべてに感激していました。

いつもの顔、いつもの味

ヨーテボリの蚤の市、その名もメガロッピス（スウェーデン語で巨大蚤の市）も4年ぶりの開催とのことで、驚くほどのにぎわいを見せていました。天気は快晴、そしてひさしぶりの町をあげての蚤の市に、町じゅうの人々が押し寄せているのではと思うほど。

何しろ会場へと向かうトラムは満員で乗れないし（そんなこと初めて）、会場の道も時折、東京の満員電車を思わせる混雑ぶりで、「通してくださーい」と声をあげないと進めないほど。「北欧でこんなに混んでいる体験をするの、初めてではない……」と苦笑するほどでした。昨今のレトロブームや、リサイクル推進の流れで、蚤の市がより注目されるようになったのか、それともこの地域が盛り上がりを見せているのか。

嬉しかったのは、前にも立ち寄った通りに同じ売り主さんが立っていて、「ああ！今年も来たんだね！」と声をかけてくれたこと。4年ぶりというのに、覚えていてくれたとは。おもしろいオブジェやフィギュアをずらりと並べている「おぬしも、好きよのう」タイプの売り主さんで、以前もいくつか買ったことがあったのです。

今回もテーブルに並んだ品を片っ端からしげしげと眺めていると「家に寄っていくかい？」とまさかのお誘い！「家のなかに、もっとおもしろいものがあるかもしれないよ」と。

ヨーテボリの蚤の市はいわゆる地域密着型の蚤の市で、自分が暮らす家の前で出店している人が多いのです。それで売り物を広げていたすぐ後ろの、築200年にもなるという家のなかをさっと案内してくれたのでした。部屋の窓からは出店する人々や、通りを行く人々がよく見えて、まさかここからメガロッピスを眺めることができるとは……と思わぬ幸運に感激でした。

ヨーテボリからマルメへと向かう、スウェーデン西海岸サウナの旅は、ひさしぶりの旅に興奮する気持ちと、それについていけない体を労り休めるのにちょうどいい選択となりました。

立ち寄ったのはヴァルベリという港町にある築120年になるサウナと、静養地として有名な町ボースタッドにあるホテル併設のラグジュアリーなサウナ。設備は簡素な昔ながらのサウナも、海をのぞむデッキにジャグジーバスまである贅沢なサウナのどちらも甲乙つけがたく、ひさしぶりの全裸スイミングは頭も体もほぐしてくれました。

マルメの町では、友人と一緒にいつものカフェと、いつもの晩ごはんを楽しみました。町でいちばんのおいしいシナモンロールを出すベーカリーカフェ、セーデルベリ&サラと、スープや煮込み料理などスプーンで食べられる料理が得意な店スプーナリーは道を隔てて向かい合わせの場所にあり、マルメ訪問の際には、「今日は何を食べようか」と言いながら結局、いつもここに戻ってきてしまうのです。スプーナリーにはスウェーデン式ミートボールもあって、コケモモを添えたミートボールは本当においしいんです！

マルメでのお散歩にいつも同行してくれていた、友人の愛犬モカが前年の暮れに亡くなり、この町を歩いているのに、名添乗員モカがもういないのが不思議でした。

デンマークのわが家にて

コペンハーゲンでは、デンマークの母と慕う友人のキルステンとも、４年ぶりの再会を果たすことができました。２０１１年に蚤の市で意気投合してから、毎年のように会っていて、コロナ禍の間、「来年こそね」と連絡を取り合っていたのが、やっとやっとの実現です。

お昼に行くよ、と伝えておいたらやっぱり思ったとおり。お手製のオープンサンドセットを用意して待っていてくれました。庭先に出したガーデンテーブルには青い花柄のテーブルクロスが敷かれて、デンマークの母の味レバーパテと酢漬けニシンが数種類、ゆで卵に刻みタマネギにディルと、いつもどおりのメニューが並んでいます。でもいままでよりも、ちょっと気合いが入っているように見えました。

ゆで卵は、以前は殻つきのまま出して「各自でむいてご自由に」方式だったけれど、殻をむいてスライスしてある。ひさしぶりに日本からやって来る〝娘〟との再会に、特別にスライスまでしてくれたのかしら。

相変わらず器の一つひとつが洒落ていて、ニシンを入れたガラスの器も、卵が並んだブルーの器もとっても素敵。思わず「これどこの？」と器を掲げて裏側に目をやると、ロイヤルコペンハーゲンのロゴが入っていました。器について尋ねると、キルステンはいつも嬉しそうな顔をします。蚤の市で安く見つけたこと、最近このデザイナーの人気が再燃しているとか、そんな情報を教えてくれます。

おしゃれなチーク製のパン入れに並ぶ真っ黒の四角いパンは、デンマーク名物のルーブロー（ライ麦パンの意味）。噛むと、みっちりしっとりとした食感で、ほんのり甘く、種子がたっぷり。そしてバターがよく合うのです。わたしの横で手際よくバターを塗って、パンの上に具を盛り付ける夫の器用な手さばきを見て、「相変わらず上手ねえ」とキルステン。

「5月は最高の季節」とキルステンが言うとおり、鉢植えや庭の花はいまが盛りと咲き乱れていました。軒先にはおそらくキルステンが蚤の市で見つけてきたのであろう、ビンテージの椅子がいくつか無造作に置いてありました。いつもこうして庭先でペンキを塗り直したり、具合を直したりと手入れしているんですよね。ああ、4年前と何も変わらない。

ラニスター家の妻あらわる

「そういえばね！　ニコライの妻が、わたしからデスクライトを買って、うちに取りに来たのよ！」と興奮気味にキルステンが言いました。

蚤の市で見つけたブツを手入れして、自らも売っているキルステン。ネットオークションで買ったものを、売り主の家に直接引き取りにいくのはよくあることのようで、以前わたしが滞在していたときも「すみませーん」と、ブツを引き取りに来ていた人がいたっけ。

しかし、まさかあの大人気ドラマ『ゲーム・オブ・スローンズ』のジェイミー・ラニスター役で大ブレイクし、高額ギャラ番付の上位にも躍り出ていたあのニコライ・コスター・ワルドー氏の妻ヌーカアカがここに来たとは！　ヌーカアカ自身もミス・ユニバースにグリーンランド代表として出たことのある俳優で、夫婦揃ってデンマークの人々に愛されているカップルです。いやあ、それはビッグニュースだ。

そういえば4年前の夏、キルステンが「この番組おもしろいのよ」と観ていたお宅訪問番組をのぞいたら、ニコライがヌーカアカの故郷グリーンランドを訪れていて、一緒に観たことを思い出しました。

「ニコライはまだこの辺りに住んでるのよ。あんなに成功しても、偉ぶらずにね。ヌーカアカもすっごく感じのいい人だったらしい。らしいっていうのはね……よりによってそのときわたしは家を空けていて、ヨナス（息子です）に留守を頼んじゃってたのよ。それで受取のサインをヨナスから受け取って、コスター・ワルドーってサインしてあって、それで気づいたのよ！」

受取書に「コスター・ワルドー」と書いてあったら、そりゃあ驚くよね！　それはもったいないことしたね、けど、大ニュースには違いない。コスター・ワルドー家の受取サイン、家宝にしたらいいのでは。

「ニコライはいいわよねえ……それにひきかえマッツったら！」

はい、出ました。ええ、あのマッツ・ミケルセンもかつてはこの辺りに住んでいたそうで、わたしがマッツのファンだと知るデンマークの母は、マッツが住んでいた家、マッツが来ていたスーパーマーケットなど、地元マッツネタをちょくちょく教えてくれるのです。

「ハリウッドの大作に片っ端から出て！　金の亡者みたいに！」

か、かあさん、マッツはキャリアを追求しているだけでは。いい役者だから、いいお話がきちゃっているだけでは。

「昔は寝起きのボサボサ髪で、子どもをあやしていたのに！」

と、頭を振りながらヘンな顔をして、北欧の至宝マッツを楽しそうにディスるデンマークの母よ。ひさしぶりにそれが見られて、嬉しいです、わたしは。

品定めとホームパーティ

わたしが蚤の市で見つけたものを披露するのも、お決まりの儀式です。ヨーテボリで買ったものを一つひとつ広げていくと「いい柄ね」「これいくらだった?」「それは、いい買い物したわね!」「……こんなのが好きなの?」「クレイジーだわ!へんな日本人ね~」と、ここでも言いたい放題。

そして、キッチンからカップ&ソーサーを取り出してきて「いますっかりビンテージも高くなったわね。見て、このカップなんてこの間ネットで1500クローネの値がついていたのよ。そりゃいいデザインだけど、そこまでするなんてちょっと馬鹿げてるわよ!」と、ぽんぽん言葉が飛び交います。「それ、いつかちょうだいね」とふざけて言うと、目をぐるりとさせて「いつか、ね」とウィンクしました。

デンマーク人は北欧の人々のなかでもとくに陽気で、自分に正直な人が多いと聞くけれど、それならばキルステンは典型的なデンマーク人だといえるでしょう。彼女の口癖は「自分に正直に!」。おかげでサバサバとした関係を長く続けられている気がします。

på loppis

もしデンマーク語が理解できたら、毒が強すぎてびっくりしちゃうかもしれませんが、目利きの彼女に、相場やデザインについて正直な意見を聞けるのはものすごく勉強になりますし（一部、偏りもありますが）。

帰国の前日は、ホームパーティです。これももう何年も続いているお約束。コペンハーゲンに滞在するときは月曜日のフライトをとることにしていて、前日の日曜日がホームパーティ。今回も「◯日の月曜日に帰るね」とメールをしたら「日曜日はファミリーデーだから、空けておくように！」とすぐに返信がありました。

ホームパーティには、キルステンと週末婚をしている夫のヘンリクをはじめ、娘ソフィーや息子ヨナスそれぞれの家族も集まって、いつもにぎやかです。２０１９年の夏に生まれたヨナスの娘で、キルステンのいちばん幼い孫はもう歩いて、おしゃべりだってしているし、２０１１年に初めてキルステンと出会った年には小学生だった初孫のヴィッガはもうティーンエイジャーに突入して、地元のカフェでバリスタをしながら店を切り盛りしているというし！

ホームパーティのメイン料理はたいていオープンサンドで、ビュッフェ式で各自それぞれに好みの具材をパンの上にのせていくのですが、ソフィーが
「ユリコ！　ほらこれ！」

と、きれいに盛り付けたお皿を片手にこちらにやってきました。

一瞬「なんだっけ？」とぽかんとしてしまいましたが、そうでした。デンマーク式のオープンサンドや伝統料理の食べ方に興味津々のわたしはいつも、彼らがきれいに盛り付けた様子を「待って、待って！　食べる前に撮らせて！」と写真におさめていたのでした。

止まっていた時間が動き出したことに気づき、子どもたちの成長ぶりを見て「4年って、やっぱり結構な長さだな」と時間の流れを改めて感じた午後でした。

帰る日の朝の恒例行事は、キルステン自慢の庭をゆっくりと見てまわること。それから、庭から見るキルステンの住まいを目に焼き付けます。

「またここに、時間を空けずに帰ってこられますように」と、祈りながら。

探しものは北欧で

「あー、このくらいのサイズの小皿、もうひとつ欲しいなあ……。じゃ、次の北欧で探そうか」。

毎年のように北欧を旅するのがあたりまえになっていて、生活まわりのちょっとした物までつい「北欧で探してみるか」と考える癖がついてしまいました。なんだか、ちょうどいいのが見つかりそうな気がするから。

改めてわが家を見まわすと、北欧の物がまあ多いこと。食器、カーテン、照明、ガラスや陶製の動物、花瓶、壁のポスター……。いったいこれまで、いくつ物を買ってきたんだろう。毎度毎度、スーツケースいっぱいに入れて持って帰ってきた物たち。ときにはスーツケースに入りきらなかった物たち。

以前、スウェーデンから友人がわが家へ遊びに来たとき、「この部屋で、メイド・イン・スウェーデンを探せ！　ゲームができるねえ」と笑っていました。ええ、そうですね。たぶんスウェーデン版だけでなく、北欧5か国全部で、できますよ。

北欧は、衣食住でいえば住が充実している国。わが家にある北欧ものも、「住」に属するものが多いです。それから冷蔵庫のなかにも、北欧の味がいろいろ。スウェーデン名物のたらこペーストのチューブ、チューブ入りのフィンランドの甘いマスタード、ノルウェーのサバのトマト煮チューブ（北欧の食材ってなんでこんなにチューブ物が多いんだ？）。冷蔵庫の外にはコーヒー豆やグラノーラ、チョコレート。毎回スーパーマーケットで買い出す北欧の「食」です。

では北欧と聞いて、「衣」を思い浮かべる人はいるでしょうか。ましてや北欧へ、衣を求めて旅する人はかなりの少数派でしょう。マリメッコは別として、北欧でわざわざ服を買うことはないだろうと、わたしも思っていました。それがどうしたことでしょう、いまのわたしのワードローブには、北欧からやってきた服が何枚も並んでいる。

近所にあったら月に一度はのぞいてしまうであろう、愛すべき店がスウェーデンのマルメにあります。「親愛なる人（もしくは恋人）」を意味するリーブリングと名づけられた店には、花柄、チェック柄、幾何学模様や着物の小紋柄のようなプリントなど、柄好きにはたまらないファブリックを使った服が並んでいます。

ふわりと着られるワンピースや、コートにもなる羽織り物がお得意で、おしゃれな店員たちが、柄オン柄で着こなしているのも素敵。柄物とはいえ落ち着いた色づかいで、流行とは距離を置いたデザインだからか、長く着られそうな服ばかりが揃っています。

色も柄も素材もパターンも、わたし好みのどストライク。こういう、てろんとした生地で柄ものの服が、昔から好きだったなあと、かつて愛用していたブランドのことを思い出しました。学生の頃はアニエス・ベーが好きだったなあ。それから社会人になって、20代の間ずっと着ていた、あのパリのブランド。そういえば最近はネットで服を買うことが増えていたなあ。毎シーズン、のぞきたくなるお店なんて、そういえばなかったな。

ワードローブの恋人よ

雑誌やウェブの記事で「◯◯代が着てはいけないデザイン」といった、煽り系の内容がありますが、わたしはあれが嫌いで嫌いで、好きな服を好きに着させろ〜口出しをするな〜と苦々しく感じていました。しかしいざ自分がいい歳になってくると、「……まあ似合わなくなるとか、自信がなくなるとかは、あるよね（他人に口出しされたくはないが）」とも思うようになりました。

だから指針になるような、こういう感じでおしゃれを楽しみたいと思えるイメージやモデルがいるといいんだな。そうか、巷に「◯◯代からのおしゃれ」という本や特集が多いのは、そういうことか、と遅まきながらやっと気づきました。

そんなファッション迷子になりつつあったとき、出会ったのがリーブリングなのでした。デザインももちろんいいけれど、きちんと認証されたエコ素材を使って、無駄がでないように限られたラインナップで展開しているのもいい。循環型ビジネスについて真剣に取り組んで、その知識を顧客とシェアしているのもいい。同じく環境に配慮しているスモールビジネスのブランドの服やバッグを扱って紹介しているのもいい。

日々流れてくる彼女たちのインスタグラムの投稿は、着こなしの参考になると同時に、これからどう服を選んでいくかを考える場所にもなりました。これはもう全面的に応援したい。

旅で来るたびに一枚か二枚ずつ、リーブリングの服を増やしていくのもいいなあ。昔、アニエスの服を毎年すこしずつ増やしていったみたいに……なんてことを思っていた矢先、コロナ禍で訪れることができなくなってしまいました。

昨今は日本から買える北欧のブティックもあるので、もしやリーブリングも……せめて服だけでも北欧気分を……とサイトを見たところ、愛しのリーブリングは、海外通販はしていませんでした。やっぱりね。環境負担の少ないローカルに根ざしたビジネスを志しているんだものね。日本まで航空便で送るなんて、するわけないよね。残念だけど、仕方ない。そういうところも好きだから。

ブラックフライデーには「うちは消費を促進するだけのセールはしません！　値引きなしの定価でお待ちしてます！」と投稿し、クリスマス前にはＤＶで苦しむ女性たちのシェルターへの服の寄附を呼びかける。うん、あなたのそういうところが好きなのよ。見た目だけじゃなくて、思いやりとハートのあるところ。

２０２３年の春、数年ぶりにマルメの町に来て、ついにリーブリングを訪れる日がやってきました。こんなにわくわくしながら服を買いに行くなんて、いつぶりでしょう？　高校生の頃の、親に服を買ってもらえる日みたいだ！　と浮き立つ気持ちでお店に向かいました。

角に面した入り口から中をのぞくと、レジにいた店員のノーラがこちらをみつけて「ひさしぶり！　ようこそ！」と笑顔で迎えてくれました。初めて訪れたときから気さくに話しかけてくれるノーラ、おすすめ上手で派手な柄の似合う、接客隊長のロビーサ、そういえばリーブリングって無地の服もかわいいよね、と思い出させてくれるクールな着こなしのエリーナ、そしてＣＥＯでデザイナーのリー。その日、リーが着ていた服はわたしが持っているのと同じ柄で、なるほどそうやってポロシャツに重ねて着るのもアリか……などと、再会を喜びながらもそれぞれの着こなしが気になってしまう始末でした。

着てみたかったワンピースとブラウスを両手に抱えて試着室へ向かい、袖を通しては顔を出し、

「どっちがいいかな」

「これは、どんな色と合わせたらいいかな」

と質問しては、ビシビシとアドバイスしてもらって、心ゆくまで試着を繰り返した時間のなんと満ち足りていたことよ（まだ服は買ってないのに）。空腹は最高の調味料というけれど、会えない時間が愛を育てるというけれど、まさに。服を選ぶのがあんなに楽しいなんて、ひさしぶりのことでした。そうしてアールデコ的な模様がシックなワンピースと、淡いピンクの花柄のブラウスを一枚、お買い上げ。これでワードローブの北欧率がまた上がってしまいました。

旅のときしか買えないリーブリングの服。でも、それが一枚ずつワードローブに増えていくのを見るのはすごく嬉しい。ワードローブも食器棚も、すっごく好きだ、と思える物があると心が躍る。自分好みの色や形が、少しずつ家のなかに、暮らしのなかに増えていく感じ。この少しずつ、がいいのかもしれない。

北欧の旅を繰り返すにつれ、自分の好みと選ぶ目に磨きがかかってきた気がします。もしかしたら旅の内容もだんだんと、そうして好きの凝縮みたいになるんだろうか。

ああ、でもやっぱり旅はもうちょっと雑然と、混沌としていてほしい気もします。

おわりに

寝る前に思い出したい旅の話

よなよな思い出したい、北欧の旅の話。最初、この本のタイトルはそんな感じにしようかと思っていました。夜、寝る前に思い出してニヤニヤしたくなる旅の時間。もう十数年前のことなのに、強烈に覚えている旅のひとコマ。ふとんから出たくないときに、逃避するかのように思い浮かべる旅の景色。そんな旅の話を書こうと思っていました。

毎年のように北欧の国々を旅するようになり、ある時期からは、ずいぶんせわしなく旅をし続けていました。過ごした旅の時間をゆっくりと振り返る間もなく、次の旅を考える。それも刺激的で楽しいけれど、もっとゆっくり自分の旅を噛みしめたい、とも思っていました。

今回の本を書きながら、これまでの旅を思い出して、旅というのはこんなにも長く自分に楽しみや喜びを与えてくれるものなのだと気づきました。あのときは見えていなかったものに、いまは気づけるようになった自分にも会えました。

旅についてのエッセイをじっくりと書く機会をくださった大和書房の松岡さん、自分だけではたどり着けなかった場所へと連れていってくれた北欧の友人たち、一緒に旅をしていつも応援してくれる夫に、この場を借りて感謝を捧げます。

そして本稿を書いている間、傍らにいてくれて、最後の日まで好きな場所を散歩し続けた、愛するわが猫ウニに、この本を捧げます。わたしも、あなたのようにありたいです。

2024年2月

森 百合子

本作品は当文庫のための書き下ろしです。

森 百合子　もり ゆりこ

ライター、エッセイスト。北欧で取材を重ね、旅や暮らし、インテリア、映画を中心に執筆。著書に『3日でまわる北欧』シリーズ（トゥーヴァージンズ）、『北欧のおもてなし』（主婦の友社）、『日本の住まいで楽しむ 北欧インテリアのベーシック』（パイ インターナショナル）など。北欧の食器とテキスタイルの店「Shop Sticka（スティッカ）」を運営し、セミナー講師、イベント企画や監修にも関わる。NHK『世界はほしいモノにあふれてる』『趣味どきっ！』などメディア出演多数。
https://hokuobook.com/
インスタグラムアカウント @allgodschillun

読んで旅する
よんたび

探《さが》しものは北欧《ほくおう》で

著者　森《もり》 百合子《ゆりこ》

2024年 3 月15日　第 1 刷発行
2024年 7 月 1 日　第 3 刷発行

発行者　佐藤 靖
発行所　大和《だいわ》書房
東京都文京区関口1-33-4
電話 03-3203-4511
フォーマットデザイン　吉村 亮（Yoshi-des.）
本文デザイン　仲島綾乃
本文イラスト　サカガミクミコ
本文印刷　シナノ印刷
カバー印刷　山一印刷
製本　小泉製本

ISBN978-4-479-32082-1
乱丁本・落丁本はお取り替えいたします
https://www.daiwashobo.co.jp

だいわ文庫の好評既刊

椎名誠
飲んだら、酔うたら
一冊丸ごと酒まみれ！「人生では酒に助けられる瞬間というものがある」。世界で、日本のあちこちで、シーナが飲んできた青春の味。
800円
473-1 D

朝井麻由美
ソロ活女子のススメ
ひとりカラオケ、ひとり焼肉、ひとりディズニー……ソロライフの楽しみ方は無限大！
800円
474-1 D

一田憲子
丁寧に暮らしている暇はないけれど。
実践！自分にぴったりの住食衣41のヒント
人気ライターの著者が、仕事に追われる日々の中で実践している、住食衣のマイルールを紹介。時間がなくても実践できる暮らしのコツ！
840円
475-1 D

伊庭正康
できるリーダーは「教えない」
「自分で考えて動く部下」を育てるコツ
「部下の指導が苦手」なリーダーに捧ぐ、だれでも結果を出せる画期的リーダー論！
800円
476-1 G

アルテイシア
言葉の護身術
モヤる言葉、ヤバイ人から心を守る
ジェンダーの押し付け・マウンティング・セクハラ・パワハラ……女子を困らせる「モヤる言葉」をかっとばす、痛快エッセイ！
840円
477-1 B

最果タヒ
コンプレックス・プリズム
人気現代詩人・最果タヒが、自身のなかにある「劣等感」をテーマに綴ったエッセイ集に、未発表の書き下ろし作品を加えて文庫化。
800円
478-1 D

＊印は書き下ろし

表示価格はすべて本体価格（税別）です。本体価格は変更することがあります。

だいわ文庫の好評既刊

出口治明
いま君に伝えたい知的生産の考え方
人・本・旅に学ぶ。無・減・代を考える。数字・ファクト・ロジックを見る…答えのない世界を生きる若者に、出口治明が伝えたいこと。
840円
479-1 G

*寺山修司
世界でいちばん孤独な夜に
寺山修司のことば集
今に生きる私たちの生きづらさ、孤独、悲しみに染み入る、三四〇以上のメッセージ。
800円
480-1 D

じゃんぽ〜る西
パリ愛してるぜ〜
男一匹パリ暮らし
男目線のパリ生活、話題コミックエッセイ。漫画家がモテる国？　お金もないフランス語もできないけど面白すぎる、フランスのリアル！
780円
481-1 D

*高木和子
源氏物語の作者を知っていますか
血の争いに明け暮れた藤原氏、権謀術数渦巻く宮廷社会。平安時代のリアルと紫式部のたくらみを鮮やかに描く、教科書にはない面白さ！
960円
482-1 H

*平川陽一
ディープな世界遺産
悲恋の舞台、不気味な歴史、きな臭い栄華と凋落……。歴史への扉をひらく魅惑の世界遺産をオールカラー写真とともに完全網羅！
740円
001-J

*望月麻美子
三浦たまみ
早わかり！西洋絵画のすべて
世界10大美術館
あの名画がこの一冊に！　迫力の120点掲載。ルーブルからメトロポリタン、エルミタージュ。フェルメールにもゴッホにも会える。
740円
002-J

*印は書き下ろし